U0595535

每天少干2小时

告别穷忙的时间配置指南

仕事の「ムダ」が必ずなくなる 超・時短術

[日]

越川慎司

著

徐秋平
译

中国友谊出版公司

序　言

　　日本政府号召进行"劳动方式改革"，企业能否顺利进行改革，对此，大多数的人并不持乐观态度。

　　企业一方面响应政府号召，首先表明态度：无论如何先从"按时下班"入手；而另一方面，又同时要求员工："要实现持续提高业绩的目标"。如果两者能同时实现，恐怕早有企业这么做了。但现实是两者往往很难兼顾，难免有人对此怨声载道。

　　我们对日本528家企业的劳动方式改革进行了调查。调查结果显示，仅有12%的企业取得成功。然而，媒体报道中却充斥着成功案例。部分企业直接套用成功案例实施改革。然而，对工作性质、实际情况欠缺考虑，对他人的经验生搬硬套，最终导致工作现场出现更多的混乱。

　　我们不妨仔细重新思考这一问题。其实，不少企业在发展过程中，都曾遇到过各种各样的难题，但仍一路坚持到了现在。换言之，企业就是在不断改革、变化的过程中成长。很多企业都对这次变化感到不安，只是因为我们暂时还未能探索到合适的应对方式而已。最重要的是，企业不能自乱阵脚，应在冷静思考后，采取合理行动。

然而，公司董事们大多思想僵化，工作现场的改革往往很难实现。

如果找不到合理的对策，就会更多关注阻碍改革实施的诸多方面。抱怨不可控的因素，只会搁置问题的解决。其实这只是因为我们在回避改变。为什么会回避改变，只是因为我们害怕失败的心理在作祟罢了。

那么，如何面对这种情况呢？我们要避免被真伪难分的信息所迷惑，尽可能克服畏难情绪，寻找科学策略，引导更多人去采取实际行动。也因如此，我认为进行大规模的行动实验势在必行。通过企业实验，我们能不断根据反馈调整方案，找到利用率高、效率高的时间管理方法。

这样的实验必然伴随着风险。很多大型企业组织，更容易关注到实验可能带来的不利影响，对于见不到成果的实验，大多较为抵触。对此，我们先分别搜集整理了失败案例和成功案例，再与赞成改革的人分析各企业的实验情况。通过努力，有 26 家公司对于我提出的"行动实验构想"表示认可，并且让我作为企业经营管理顾问参与到劳动方式改革实验计划中，因此，我有幸带领企业团队成功进行了劳动方式改革的实验。本书集中介绍了改革实验成果的宝贵经验。

为什么各企业信任我，让我来引领改革实验呢？

或许是因为长期以来我都在这个领域不断深耕。每周 4 天工作制（周休三日制），每周 30 小时工作时间上限，远程办公等等，这些方法都并非纸上谈兵，正是这些实践，让企业做出决定，愿意同我一起参与改革。

现在正是"自由工作方式"改革实践的好时机。我曾深受"昭和流"时期的企业文化影响，将所有时间都投入工作中。当年的我，大学一毕业就进国内大型通讯公司工作，就连公司每天的广播体操都努力练习，成为公司排名第二，即使在东京遭受台风袭击的情况下，依然坚持 4 小时通勤时间去上班。

后来，到外资企业工作的我，工作地点往往并不固定。有时在美国，有时则整个月都在世界各地奔走。通过对日本内部和外部的观察，我深刻感觉到日本企业的疲惫状态是阻碍企业发展的潜在问题。于是，我开始思考，在疲惫尽显的日本职场，推行"周休三日制"方案，助力企业效率提高和发展，这正是我开始这项工作的原动力。

如今，我独立创业已经两年有余。周休三日制，周工作时间 30 小时制，这些方法都已固定下来了。除我之外，世界各地有 38 个成员都在践行这些规则。他们的业绩与收入都在稳步提高，甚至还有精力在休息时间去参加公路自行车比赛或三项全能运动比赛，每天保持 7 小时充足睡眠，生活规律而健康。

恐怕大家很难想象曾经的我有过两次因精神压力过大导致无法工作的经历。

如今，回头再看，我的人生充满了挫折。作为异卵双胞胎中的一个，我出生时就体弱多病。小学上学时就曾遭遇交通事故，接二连三生病经常请假；高中考试失利；大学升学考试则失败了3次，好不容易才成为一名大学生；进入职场不久后，我却突然患抑郁症，导致我完全无法工作。这样的我，都可以通过努力行动实现改变。在我看来，改变对于各位更是轻而易举。

每周休息两天，准时上班，按部就班拿到工资，退休后靠退休金和养老金安享晚年的人，恐怕很难理解我的构想。况且，现在企业寿命在缩短，而人的寿命却在不断延长。这样的变化，要求我们调整自己的工作方式和生活方式。然而，我们习惯稳定的特性，却总在阻碍我们做出改变。

行动改变意识。

我们公司原本没有知名度，但如果我们不提高效率创造业绩，企业和我们的生活将难以为继。因此我们不停地鞭策着自己。因为没有退路，我们深知唯有拿出破釜沉舟的勇气去行动，才有可能实现生产效率提高的目标。在我们的努力下，业务市场逐渐打开，凭借客户的口口相传，我们的订单业务量也实现了增长。伴随着业务量不断增加，复杂的课题也不断涌现，在解决这些难题的过程中，我们的企业也随之不断进步。

　　我们的数据，来自 26 家企业 16 万员工。在数据基础上耗时 1.9 个小时制定出的时间管理法，就是本书的精华。我们协助 528 家企业进行劳动方式的改革试验，并以实验过程中获取的数据、实地观察所获取的知识写成本书。本书包含诸多有效提高工作时间效率的方法，适用于个体、团队、企业。我想将这些在工作第一现场实践中的有效措施，广而推之。我相信，这些方法会帮助大家创造出愉快轻松提高业绩的工作氛围，各位职场人士可以根据各自的情况，选择合适的方法尝试一二。

　　精简劳动时间，有助于帮助职场人士释放压力，获取更大自由、更多选择。

目　　录

第1章

16万人挑战成功的经验精髓：速效 JITAN 法

第 2 章

让 68% 的行动成为习惯的"内环研讨会"

第 3 章

提升自身价值　提高单位时间劳动报酬

第4章

迟迟未能付诸行动的原因及解决方案

第5章

未来的劳动方式

第6章

作为管理者现在必须做出改变

第7章

88% 改革失败的企业

第 8 章

12% 的成功企业

第1章

16万人挑战成功的经验精髓: 速效 JITAN 法

我们同 26 家企业、16 万员工一起进行了"高效时间管理法"的改革试验，面对诸多抵触、失败、困难，找到了改革方向并取得明显成效。本次试验，是在遵循以下 5 项原则基础上进行的。

JITAN 法的 5 项原则

JITAN 法的 5 项原则	
Justification?	确定任务内容，选择正确方法执行
Identification?inventory?	首先就是消减不必要的无效闲置的工作任务
Time-based?outcome?	验证单位时间内的工作成果
Assessment?	复盘回顾，审慎郑重做出精准评价
No?exception?	一视同仁，贯彻执行

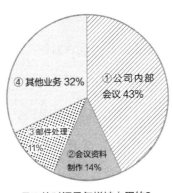

①公司内部会议 43%
②会议资料制作 14%
③邮件处理 11%
④其他业务 32%

员工的时间是怎样被占用的？

明确任务，按正确的方法贯彻实施，再加以验证，每一个步骤都关系到最后的成果。保证彻底执行至关重要。接下来，我们对执行的方法和获取的经验进行具体解说。

是什么夺走了你的时间

如果你想要减重，首先你应该用体重计确认需要减少的脂肪含量。精简工作时间与减肥类似。在考虑如何减少浪费之前，我们先要分析，到底是什么浪费了我们的时间，再采取行动。

我们对231家相关企业进行调查，结果大相径庭。有78%的企业，占用员工工作时间排名前3的因素，都是相同的：公司内部会议，占比43%；会议资料制作，占比14%；邮件处理，占比11%。公司内部会议居然耗费了员工上班时间的43%。员工与客户交流的时间则列在剩余的其他业务32%中。虽说调查对象多为大型企业，内部协调业务较多，但会议对时间的损耗仍然不容忽视。

精简工作时间，将创造出的富余时间用于投入未来发展，才是我们努力的目标。首先，我们从浪费时间的前3个因素开始改变吧。

会议瘦身篇
取消耗时长且无助业绩提高的会议

大型企业中，公司内部会议占用员工业务时间的平均比例为45%。在中小企业中，这一比例为22%。根据工作性质和类别存在差异，大型企业的员工平均年收入为700万日元左右，如果单纯计算的话，基本上相当于人均收入的人工费中有300万日元是投到了公司内部会议中。如果这类会议能帮助公司创造业绩（取得收益）倒是可以接受，若是不能则是极大的浪费。事实上，对231家企业进行的问卷调查显示，多达75%的企业认为"公司内部会议作用甚微"。事实正是如此，企业在公司会议上消耗了大量时间，却鲜有成效。

在试验初期，我们首先设定了一个"量"的目标：在两个月内将会议时间减少8%。同时，设定了一个"质"的目标：改变公司会议氛围。也许有人会认为后者难以把握。实际上，减少时间浪费，开展高效的会议，公司氛围自然会焕然一新，需要讨论的课题也更容易找到解决方案。量（效率）和质（效果）的综合改善，是我们必须追求的终极目标。

会议划分为4种类型

具体而言，将"效率优先""效果优先"的会议目标作为横轴，特定人群参加的"定向型"会议和征求意见的"讨论型"会议列为纵轴，可以将公司内部会议分为4类。

（1）计划·创意

（2）教育·启蒙·激励

（3）决策

（4）信息共享·联络

对话

① 计划·创意
解决方案
是否营造出引导大家提出创意和
意见的氛围
是否充分尊重针对固有完善意见
提出的反对意见和争论

② 教育·启蒙·激励
解决方案
传递信息者是否具备专业知识和
技能
参与者是否认识到学习的必要性

重视效果 ← | → 重视效率

③ 决策
解决方案
影响决策的关键任务是否参会
决策是否有相应信息和判断标准

④ 信息共享·联络
解决方案
信息需要传递的对象是否到会
是否设定合理时机创造共享机会

单方面

对会议进行分类有助于提高效率和效果。一进会议室，就有人问"今天开会说什么"，这种会议的存在实在是荒谬至极。目标不明确的会议，举行多少次也无法获取成果。重要的是，根据目的判断会议有无必要性。不在合适的时间停下来思考，过去的不良习惯就只会延续下去。

通过对 18 家企业，耗费超过 1.7 万个多小时的实际调查发现：达到目标、取得成果的会议往往都具备以下 3 大要素。

（1）明确会议目的

（2）提前共享会议议题与流程

（3）关键人员参会

这 3 个元素看起来都理所当然，然而任何一个要素的缺失，都可能导致会议成功率降至 40% 以下。如果 3 大要素同时具备，成功率有可能升至 87% 以上。可见会议的提前设计和准备工作至关重要。如果元素缺位，必然导致时间的浪费，难以取得成效。

判断无效会议的标准"A24B"

面对这种情况，我们制定了如下规则：未能提前 24 小时实现议程信息共享的会议一律直接取消。我们将这个规则命名为 A24B（Agenda 24 hours Before the meeting），简称为 A24B。我们把这项规则在 18 家企业推广，同时在公司公告牌上张贴关于规则的海报，以确保在全公司能贯彻执行。

开始执行时，也有不少反对的声音，认为这反而会增加准备工作，有 20% 左右的会议没有遵守这项标准。在这项标准试行 2 个月后，参会人员的满意度有所提升，会议时间平均减少了 12%。议程清晰明确，成效达到预期效果的 75%。通过减少量（时间），实现了质（效果）的提高。

通过对 22 家公司的参会员工的状态进行调查，我们发现：当员工认同公司前景和发展战略理解时，执行战术的意愿较高（35%）；当个人行为得到承认的时候，员工会受到鼓舞和激励（46%）。那些管理者能给出明确指示并激励团队工作热情的会议，才称得上"必要"。

接下来，我们对已经分类的会议进一步简化。

首先最需要改进的会议是"信息共享类"。每次召集 10 来个人依次做每周工作汇报，这种"常规会议"绝对不在高效之列。确认网上登载的信息和彼此确认营业目标的完成进度之类的会议，可以立刻取消。单纯的信息共享，简单的 IT 工具即可满足需要。

以训话或动员为目的的大会，虽然要面对面开展，但也无须在每周固定时间进行。针对"教育·启蒙类会议"的情形，如果以质疑为主，可以按需要召集面对面开会；如果以确认为主，只需充分运用 IT 工具，进行整理和重新梳理。

"决策类会议"最主要的是参与人员。例如，某一类的决策类会议限定部分有决策权的成员参加；另一类决策类会议则是听取很多人的意见，在此基础上进行决策。我们需要明确区分这两种会议，确认是否有重复召集开会的情况。

针对意见决策类会议，首先必须确定认定标准是由什么决定，是人数多寡、地位高低、决策可行性，还是投资与效果比。如果不能确定以上这些标准，那么会议就会陷于低效重复，变成看参加者脸色的形式主义。因此，对这类会议，我们需要增加一些次一级的会议作为准备工作。

保持微笑　业绩增长

与成果（销售业绩·利益）最密切相关的是"计划·创意类会议"。此时，最重要的是怎样制订富有创造性意见和有效的解决方案。想要达到这种效果，让不同经验的人轻松交流意见至关重要。当然启发"创意思维"（激发员工在他人想法基础上创新）也是必要的，我们可以通过面对面的方式交流，促进创意构思活动的活跃度。这种"计划·创意类会议"应如何分配时间，如何激发更多的讨论，如何引导预期成果，对成果的得出至关重要。确定参会人员均能自由发言，确认参会人员的人数，促使他人积极参与、形成活跃氛围是必要条件。我们可以选择不同年龄层、不同性别、不同职务的人员参会，这种结构更有利于创意的形成。

公司计划类会议中，参会人员的"表情"也是重要因素之一。如果你眉头紧锁，神情不悦，那么一定要有意识地调整，让自己的表情柔和起来。倒不一定保持笑容，只需要嘴角上扬，看起来像在微笑就可以了。

我们分别在两家企业做了为期两周的"保持微笑"的试验。一家是制造企业，一家是媒体企业。试验中，我们特别对年长的男性参与人员提出要求：参加会议时一定要保持微笑，表情愉快。这项试验在开始初期，就遭到管理层人员的强烈反对。对此，我们承诺，如果持续两周依然未见任何成效，就中止。最后企业方勉强答应，我们才得以继续开展这项试验。

试验结束之后，我们对企业参会人员进行了匿名问卷调查，有效问卷回收率为86%。92%的人员认为这项试验"有效果"，78%的人员希望公司"今后继续保持这种方式"。

这项试验最大的成效是缩短了会议时间。原本试验希望提高会议质量，启发参会人员积极参与讨论。试验后的部门会议时长，与未进行试验的上一个月的环比，与去年同比，均下降了8%。这项试验让原本"令人窒息的会议氛围"变得更加轻松，会议议程加快，会议质量提升。

这项试验参与人员约有180人，如果按照平均年收入和平均加班时间计算，就相当于在两周时间内减少了400万日元的成本支出。保持微笑，对于业绩提高的确有帮助。

嘴角上扬
保持微笑
持续挑战2周
会议时间缩减8%
大型媒体企业2018年7月实施

保 持 微 笑 哦♡

在45分钟会议的间隙中创新

通过对不同企业的会议时间的分析，我发现90%以上的企业通常将会议时间默认为60分钟。大企业开会时间平均比预定时间延迟3分钟左右。会议结束，离开会议室到下一个会议室的移动时间不考虑在内的话，那么每60分钟的会议，时间日程表必然是排得满满当当。常有原本不需要60分钟即可结束的会议，因为以上这些因素，到了预定结束时间，依然还在继续浪费时间。

对此，我们开展了一项试验。建议21家企业，将每次的会议时长设置为 45 分钟。许多应用的预定时间通常为每 30 分钟提示一次，我们建议将其改为每 15 分钟提示一次。

显示

预定设置

下一次设置显示时间

周日

时间间隔显示

◉ 每 15 分钟
○ 每 30 分钟

工作日显示如下

☐ 周日 ☑ 周一 ☑ 周二 ☑ 周三 ☑ 周四 ☑ 周五 ☐ 周六

将 Office365 的预约表中系统默认设置为 15 分钟，操作如下
设置 - 显示 - 预约表设计 - 时间显示间隔 -15 分钟单位

通过这项试验，我们获得了 3 项成果。第一，会议时间按预定时间准时开始的概率提高了 6 倍。第二，会议的事前准备工作更充分。例如，重要的事情提前安排好，参会前邀

请参会成员提前参阅附件，有专人给参会人员发送会议相关通知。

其中最有成效的就是：空出来的 15 分钟为创新提供了空间。会议结束后，走出会议室，大家还可以找人轻松地交谈一下，这为创新创造了机会。

在跟踪调查 14 家公司最近新建业务的诞生场所时，我们得到以下发现。

第 1 位　会议室周边（会议前后的闲谈）

第 2 位　开放空间

第 3 位　食堂 自助餐厅

第 4 位　会议室

很明显，在会议室外轻松交流的过程中，反而比较容易碰撞出灵感的火花。

不同性质的相互接触有助于价值提升

同一团队成员之间可以面对面交谈的话题，可能在面对其他部门时无法得到很好的发挥，将话题局限在会议相关内容上。但是长期以来那种让人感觉窒息的会议氛围，则完全不可能让成员轻松交流。我们可以设想一下这样的场景：将本部门无法解决的问题或新计划，放在会议结束后的这段时间空隙进行讨论。

现在，人们的消费重心正从单纯的物质消费向体验消费转变，顾客的需求越来越难以把握。单一部门往往难以解决所有问题。召集不同见解的成员在一起，相互交流意见，在解决问题的同时，还能激励员工的工作热情，这样的会议才是必要的。

真正独特的创意，既不会在追求形式主义的会议中产生，也不会在盯着少许缺点就持续挑剔指责的会议中产生，而是在那些为解决问题而聚集在一起的人们，在他们日常轻松交流中产生的。这就是"15分钟的间隙"带来的成效。数据表明，在董事会上产生的新兴业务只占整体新业务的18%而已。

此外，进行调查发现，新创业务的倡导者多集中在营业、客户支持等客户服务部门的负责人中。提出创意的人，常常会在咖啡厅或者读书放松的时候，随时将那些无意中想到的创意记录下来，这些笔记当中时不时就可以发现好的点子。他们靠的并不是灵光一现，而是随时带着问题，善于观察思考并及时记录。

这种反向思维的调查结果显示：创意诞生首先应该追求的不是质，而是量。创意往往是在摆脱日常繁重工作，放松时间的间隙中思考出现的。于是我们继续做了一项试验。向12家企业客户提出建议——设置"休息时间（缓冲时间）为每周30分钟"，同时要求全体公司员工制定时间表以保证缓冲时间。一味埋头于工作并不等同于"高效率"，以创造成果为目的充分利用时间才是最重要的。

面对突然获取的"自由时间"，不少员工开始是迷惑的，虽然很难检测这种方法对提高公司业绩是否提供了创意的助力，但实施半年后，调查显示：员工的工作满意度、成就感得到提升。员工们释放创意的时机指日可待。

时间留白创造新的商机

随后，在 12 家客户公司 7000 名员工中，要求将工作中的时间空余（留白）设置的试验作为义务，坚持两个月。试验实施前大约有 57% 的员工表示反对，试验结束后满意度却达到了 86%，不满意的人只占 8%。据说这群表示满意的员工，在随后的工作中依然自愿保留了工作设置时间留白的方法。此外，让人欣喜的是：在时间留白中不经意想到的两个创意，后来成为新的服务得以实现。其中的一项建议提供的服务创造了月销售额 1000 万日元的业绩，成为收益最多的项目之一。

牛顿坐在苹果树下发呆的时候，掉下来的苹果让他发现了万有引力的定律，这个故事非常有名。提供创造力的时刻是那些不被固有观念所阻碍，能自由自在回归自我的时间。成功的企业往往把这个时间作为组织架构的一部分贯穿到管理中。

Google（谷歌）公司曾经做过一项测试，就是"20% 自由时间规则（定律）"。这项于 2004 年公布的规则，引导所有的员工将工作时间中的 20% 用于思考开拓新的事业领域。正是得益于这项规则，谷歌旗下的邮箱及地图产品才得以产生。

禁止使用电脑　充分激发思维

通过对 18 家公司的 24 项新业务进行调查，我们发现，92% 创造业绩的项目，是不同背景的参会员工在"交换意见"的过程中想到的。这种"交换意见"的会议，其实就是一种头脑风暴，大家可以自由交流想法。

这种头脑风暴成立的必要条件是：放松心情，自由随意。然而，如果在这个过程中考虑日常工作业务，就会被拉回现实，让创造性思维停滞不前。因此我建议，在头脑风暴的过程中不要携带电脑。

模造纸、便　纸、笔、白板什么的，都可以作为我们积累信息的方式，把脑海中浮现的想法都随时随刻记录下来。

作为引导者，在会议中与其催促参会人员提出意见，不如引导员工无所顾忌地畅所欲言，只有保证有足够的量，才有更大的概率发现好点子。

头脑风暴的基本规则是：不否定任何想法。然而最令人头疼的是：有的上司不知道是不是不明白这一点，总是频繁插嘴打断他人意见。想要避免这样的情况出现，必须要做到的重要一点是：在公司郑重宣布会议前必须遵守的基本规则。记录在白板上的意见方案需要完整地拍照保存。

计时器的效果

根据我们对 26 家公司进行的情况调查，有 60% 以上的员工答道：多数会议不能按时结束。即便提前明确目标，也常有重复发言产生，有的上司对此只是一味批评，不想解决办法，导致会议结束时间一拖再拖。尤其是，当位高权重的人开始发言时，大家都有所顾忌不敢轻易打断。要改变这种局面，其实我们只需要准备一个计时器。

在会议开始前，将计时器设定为会议结束前 10 分钟，到了时间提示之后一边确认会议成果（目标达成），一边部署下一步行动。在我们向 11 家公司提出这项建议之后，其中 9 家公司有超过 70% 的人都明显感到"会议按时结束了"。一个计时器就能让会议按时完成，实在值得一试。

培养会议引导者

正如之前所述，会议时长与会议氛围的把控，对于实现效率和效果的同步提高是非常重要的。我们在前边介绍过计时器和 A24B 的方法。这两者毫无疑问是基本设计的组成部分，但是灵活运用这两种方法，需要足够的引导。在参与了我们的试验的 500 家企业中，只有 12 家企业安排了专门一个部门。虽然有超过 78% 的企业认为目前会议推进方式存在问题，但只有 9% 的企业学习了如何进行引导。

会议引导者相当于主持人，既要负责时间安排，同时还要营造出让大家踊跃发言的会场气氛。一旦出现跑题，要将其拉回本来目标，而当讨论停滞不前时，还要引导参与者积极发表意见，时不时活跃一下会场气氛。此外，会议引导者还要检查会议记录，确认会议活动，处理诸多任务。因此，会议引导者应该将其与会议主办方和主持人职能区分开来，这样更有利于会议顺利进行，并达成效果。

当然，无须要求所有员工都具备引导者的能力，一个团队中安排一个人接受引导法培训，其他员工配合就可以达到预想效果。

我接触的某家制造业的客户，为了缩减会议时间、提高业绩，要求每个部门都要有一个人掌握会议引导。通过后期的跟踪，我们发现参会者的满意度提升了43%。但是，由于高级别参会者依然采取原先的开会模式不为所动，3个月之后，局面又恢复到原先的模式。于是我们采取强制手段，要求高级别人员必须接受引导方法培训。至此，公司终于实现了目标，会议参与者满意度达到了65%。这让我们再次认识到，想让一线人员发生改变，必须首先获取管理人员的理解和行动支持。

会议日程调整公开化

调整会议日程表相当花费时间与精力。当企业内部共享员工日程表的时候，最让人困扰的是：员工列入的日程表与实际安排不符。尤其在日程表已经确定后的临时加项，会浪费更多时间重修调整日程表。占用他人时间就是拉低团队效率，因此，预定安排需要全部录入并公开。这样，即便看不到日程的具体安排，也可以通过确认有无预约的标注，掌握情况，提高效率。

需要与公司外部相关人员协调日程安排时，可以预留出2-3个时间段，或者4—6个时间段。这种情况，通常需要多次邮件来往进行确认，因此会延长工作处理时间。

如果日程表预约的时间空余对公司外部公开的话，调整则会比较容易。在日程安排无法对外公开时，我们可以选择某些应用或服务提高调整效率。

用户可以通过软件应用便捷地调整日程表。用户可以轻松通过邮件、脸书等工具把时间安排的链接发送给对方。当对方在备选日程中选定适合自己的时间后，他的日历就会自动导入预定时间安排，完成日程表的调整。

使用 Office365 软件的朋友，也可以通过使用移动端和网页端的 Outlook 来简单完成日程安排的备选列表的制作。

如果可以面对面交流，最快捷的方式自然就是当面确认。如果全体员工同时作业，就不会产生等待时间。在此我们建议，先尝试进行模拟操作。

Web 会议"实践出真知"

为了方便公司海外分部和地方分部的业务衔接，我们在 528 家客户公司进行调查发现，60% 以上的公司都引入了视频会议系统，但是超过 68% 的企业却没有启用视频会议系统，或者很少启用。这些视频会议系统大多安装在特定的会议室，导致利用率很低。此外，部分视频会议系统也因管理者更偏好面对面开会而成了摆设。

其实，我们可以考虑使用更加便捷的工具，如个人电脑、平板、智能手机上的"Web 会议"服务。只需话筒和摄像头，就能随时随地实现会议，还能避免资产投资的浪费。同时，除了远程会议之外，Web 会议还可以广泛运用于向顾客提供方案，公司招聘面试，以及面向全公司的讲座等业务中。

然而，Web 会议的全面普及需要时间，尤其当人们通常倾向维持一直以来的习惯。此外，还有不少人持有先入为主的观念，认为 Web 会议很复杂，给自己预设了抵触情绪。

一家咨询服务公司的信息系统部门，曾要求该公司东京都内所有团队成员通过 Web 会议的方式召开公司例行会议，3 个月后又恢复了原来的会议模式。事实上，这种方式大大提高了一线员工的工作效率和满意度，只因上司的一次使用不熟练的经历，随后便被要求恢复到传统模式。

于是，我们在 24 家客户公司设定了"Web 会议强制执行周"计划，要求领导层在特定期限内的公司内部会议，全部采用 Web 会议模式进行。因为参会者不受参会地点限制，在家参会的女职员，奔波在外在咖啡厅参会的业务员，身处公司会议室的科长，出差在外的部长，都可以参加 Web 会议。

甚至有的公司会用 Web 会议的方式召开社长的例行早会，全国各地的员工都能在线上同步参会，大家都感到十分满意。

最开始，请求信息系统部门的协助召开座谈会、制作指南等工作花费了一些精力。但效果显著，首次使用 Web 会议的人满意比重已超过 70%，60% 左右的人表达了希望继续沿用这种方式。并且，使用频率越高，满意程度及希望沿用的意愿就越高。可谓"实践出真知"。那些原先对 Web 会议持否定态度的董事，在尝试之后也转变了想法，并极力向客户推荐使用。在企业经营的业务中，创造一个"体验者的空间"，对于改变公司整体的行为与意识是极为重要的。此外，通过建议使用者定期进行思考回顾，我们也获取了许多有助于了解到他们需求和建议的反馈信息。这正是团队意识和思维转变的证明。

Web 会议的成功关键：语言表达与硬件配置

以前，人们习惯了大家集中在一起，面对面讨论，人们可以根据会场氛围，察言观色，谨慎发言。如今面对 Web 会议，不少人感觉到陌生，感觉难以应对。然而，想要在减少劳动时间的同时，每年持续提高公司营业额，势必要改变传统的全体员工聚集开会模式，创造更为高效的方式。

尽管如此，依然有不少的公司因未能熟练掌握使用方法而选择逃避，恢复到原来的传统开会模式。于是，我们搜集了 24 家客户公司在 Web 会议贯彻计划过程中遇到的常见问题，并有针对性地提出相应的解决方案。

（1）"看不见"相关资料，怎么办

当主持人和参会者分散在不同地点时，参会者既无法掌握会议室的情形，也看不到相关的资料，就很容易给有效讨论造成难度。面对这种情况，首先，需在会议组织前向与会人员发送会议相关资料共享信息。此外，要求与会者在参会过程中尽可能具体地表述相关内容。例如，在我们说"这个苹果方便食用"，而对方看不到实物时，对方无法了解大小和色泽，只能依靠个人想象，就很容易造成理解偏差。到底是苹果小方便食用，还是苹果削好了皮方便食用，如果没有准确信息，很难继续进行下一步讨论。

因此，Web 会议中的主要发言人，必须最大限度保证内容表述具体详细。例如，"这种苹果方便食用，但销量欠佳"，如果就这个话题展开讨论，建议表述为"这种苹果一般投放 24 小时便利店销售，切块分装，每盒售价 100 日元，目前销量欠佳"。总之，尽可能细化的描述有助于讨论的顺利展开。

此外，在对会议资料或者设计等进行说明时，可以充分使用 Web 会议服务中的激光笔的功能，清楚指明所讲述的具体内容。如果使用会议室的白板功能进行讨论，可以用 Web 会议的照相功能将白板内容显示出来，展示给远程参会人员，引导话题讨论。以上操作看似有些复杂，但这能让临时参会者也能进入讨论环节，有效利用移动的时间，消耗低，效率高。根据我们对客户公司的调查发现：如果最开始 5 次会议都能顺利进行，那么后续继续使用的可能性就会增加到 3 倍以上。

（2）"听不见"对方的声音，该怎么办

某某听得见吗？啊，听得见。听得见吗，到哪里了？如果会议中持续出现这种情况，则很容易让人产生放弃的念头。听不到声音，大多是因为 Web 会议服务设置或者信号不稳定等问题。如果不使用话筒检测声音效果，就无法向参会者传递声音数据，因此需要配备检测声音输出的硬件设施。个人电脑和智能手机自带的话筒稳定性欠佳，我建议选用 Web 会议服务公司推荐使用的专业适配机器。

我参会的地点往往并不固定，在公司会议室、自己家、酒店都参加过会议。我一直使用微软系统默认的麦克风话筒，USB 接口和话筒接口都能够连接，360 度全方位覆盖，收音效果极佳，声音传输稳定清晰。

（3）如何应对"环境噪声"

此外，还有一个问题就是环境噪声。由于 Web 会议等参会人员参会地址不固定，Web 会议中很容易会听到一些生活中的杂音。狗叫声、快递到家的门铃声、咖啡厅的背景音乐等等，这些噪声会影响与会人员的注意力，迫切需要解决。

建议会议主持人使用静音功能控制整个会议进程。可以让身处噪声环境的参会人员直接静音，轮到其发言时才取消静音。开会时，首先使用全体禁言功能，通过举手，在解除禁言后发言即可。明确会议规则，能保证会议顺利进行。

邮件处理新规则篇

处理邮件，是每位职场人士每天忙碌的工作之一。据较早时期统计数据显示，10年间电子邮件的通信量暴涨近4倍。通过对500多家企业的调查，84%左右的企业表明在邮件处理上投入大量精力。员工每天总工作量的12%都用在处理邮件上。经常会出现这样那样的失误造成工作效率变低，如看漏了重要信息、检索信息耗费大量时间、被大量的数据所控制等。邮件处理只是完成工作的手段，不应该消耗太多精力。

科学使用抄送功能减少邮件流通量

根据对22家企业进行调查，我们发现了邮件量增加的最主要原因是抄送邮件的增加。

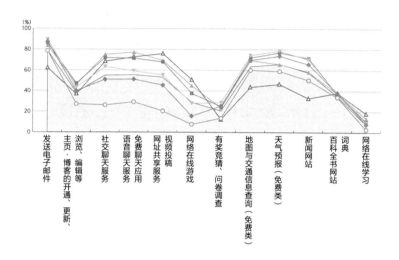

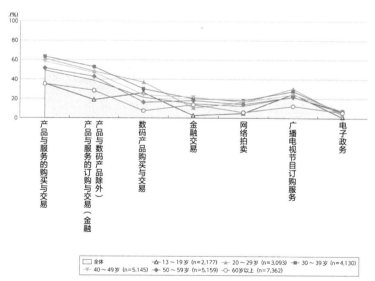

不同年龄层使用网络的目的·用途（多项选择）

图表显示：互联网的使用中，功能使用最多的是收发电子邮件

将看似需要的相关人员全部列入邮件抄送名单中，会导致更多时间精力被浪费，让收件人无法迅速确认哪些是直接发给自己的邮件，哪些是作为参考信息抄送给自己的邮件。

根据对 26 家客户公司的调查发现，作为企业直接管理人员的科长，是邮件抄送地址中出现频率最高的。通过原因调查分析，我们了解到：其中 35% 左右的人是因为需要了解邮件处理的结果，而有接近 63% 的人主要是需要判断区别紧急邮件和非紧急邮件。

因此，我建议取消非必要的邮件抄送。然而我们的建议却并未得到认可，因为最后对于邮件必要性的判断，最终委托给了员工个人。我们重新认识到：明确的指示，完全不能促使对方采取具体的行为执行。

于是，我们在客户公司采取了以下试验，制定了抄送邮件的判断规则。

例如：

·营业目标完成度影响在 5% 以上的重要事项的变化，将科长列为 CC 抄送名单，同时在邮件主题开头标注"变"字样。

·在发送竞争信息等相关参考信息时,邮件主题标注"情",只需将邮件抄送给各科室代表。

·收发处理邮件过程中,临时追加邮件抄送,需在开头说明原因。

两个月后,这项建议被全公司考虑纳为基本规则。在14家公司8万员工中进行的这项试验效果明显。人均收件量减少20%以上,其中管理岗、重要职能岗的员工,收件量减少了28%。完全未产生任何负面影响。

运用片假名和奇数提高邮件查阅率

通过市场分析工具,我们在客户公司进行了邮件处理调查。16家公司7000人之间流通的7488封邮件,面向顾客推销类的2864封邮件,我们发现查阅率高的邮件具备以下特征。

邮件主题字数控制在35字以内,且数字(尤其是奇数)使用较多。35字邮件主题的确有点长,但即使字数多,只要出现吸引人的关键词,也能唤起阅读兴趣。建议直截了当向对方传递信息，让邮件主题更加简洁明了。

总体而言，查阅率较高的邮件，通常主题会出现数字且奇数比偶数的查阅率高。因为数字标注相对具体，而奇数让人印象清晰。"3个特征""5分钟说明""成功7要素"，类似这类主题表达中已暗示了邮件主要内容。同样，使用简洁的文字，比使用复杂的文字，更容易给人留下深刻印象。

邮件内容字数控制在 105 以内

调查数据显示，当邮件字数超过105字，查阅率呈下降趋势。能在有限字数内简明扼要总结出重点的邮件受认可度较高。因此，我建议公司内部邮件进行精简：减少所属部门信息，省略常用客套话，开门见山地先说结论，具体说明请求对方采取的行动，高效传递必要信息。

当邮件内容长度不可控时，可在邮件开头用105个字做简短概括，然后下文标注"具体内容如下"字样。

沟通的目标不是"传递给对方"，而是要"传达给对方"。

如果对方甚至都未曾查阅邮件，传达的目标更是无从谈起。根据对方需求，简明扼要总结重点，更有益于信息的传达。清楚这一点，就能更深刻体会到，花时间编写长篇邮件纯属无效劳动。

每 1.5 小时确认 1 次邮件

由于智能手机和云服务的普及，人们可以随时随地收发邮件，这也是导致邮件流量剧增的重要原因。我们身边总有这样一群人吧，他们无时无刻不在确认邮件，甚至有的人在开会过程中一直盯着智能手机的邮件页面。当然，有些业务通过立刻回复邮件就能处理。是否有必要将其他重要业务压后，选择优先处理邮件呢？大多数人往往是还未做出判断时，就反射性地将关注的重点放在邮件上。

我们请 6 家客户公司共 8553 名员工协助参与试验，目标是从中分析出最高效且有效的邮件确认频率。数据显示，65%的职场人选择"1 小时内确认 3 次以上"。

于是，我们进行了一项邮件确认频率的分组实验。实验分为 A、B、C、D 四组：A 组为 1 小时 3 次，B 组为 1 小时 1 次，C 组为 1.5 小时 1 次，D 组为 2 小时 1 次。要求每个小组严格按照所在分组的频率处理邮件，时间持续 2 周。为避免受业务忙闲不均影响，时间选择在每个月的第 2 周和第 3 周，没有节假日的期间进行，并且邀请多种不同职业的员工参与了实验。

分组实验结束后，对全体参与者进行了问卷调查，调查结果显示：C 组成员，对于实验的满意度最高，且效果最好。

自由发言中，也出现了一些比较积极肯定的意见。

"没想到很长时间不处理邮件，也没什么影响。"

"现在我才明白，就是邮件招来了邮件啊。"

"紧急重要的事件邮件没回复时，打个电话也可以处理好。"

"宣称紧急的邮件，大多数其实没那么重要。"

"情绪化邮件先搁置一下有助于找到解决办法。"

当然，1.5 小时 1 次的邮件确认频率，未必适用于所有行业和职业。但是，为了集中精力处理最重要的事，避免无用邮件浪费时间，规定查阅邮件的时间间隔至关重要。

邮件字数（纵轴）　　　　　　　　　　　　　邮件查阅率（横轴）

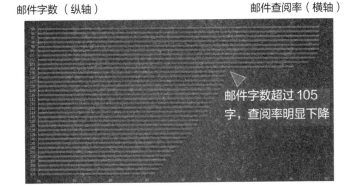

邮件字数超过 105
字，查阅率明显下降

图：通过 Microsoft MyAnalytics 以及市场学自动化工具确认的邮件查阅率

管理者应掌握邮件预约发送服务

在工作方式优化中，作为中间管理层的经理得到了前所未有的关注。在原来工作时间减少的基础上，保证按照计划完成目标的组织结构依然是必要的。所有工作都集中到了中间管理层，因此自然要求经理必须在周六对工作日内堆积的业务进行集中处理。

如此一来，作为经理，有许多业务安排就会在周六进行，导致"假日发送的邮件"增加。发送邮件的一方可能会感觉松一口气，但收邮件的下属可能会觉得"收到假日期间发来的邮件，就会变成工作模式，完全不能放松，无法休息"。对28家公司16万人的调查显示，20%以上的员工对假日发工作邮件的上司表示反感。

于是，我们在3家客户企业进行了为期2个月的试验：假日期间禁止管理层发送工作邮件。试验后调查发现，部下满意度有一定提升，管理层的满意度却在下降："所有工作安排在周一处理，在现实中很难完成""希望至少部分工作能够在假日期间处理完毕"。

就此，我们向管理层建议使用邮件预约发送服务。邮件可以在休假期间完成，发送邮件安排在周一工作日。让管理人员使用 Office 365 中的 Outlook 应用，设置预约发送功能，在特定日期时间发送邮件。如此一来，管理人员和普通员工的满意度都得到同步提升。

追求在更短时间创造更多的成果，不是单向要求，而是双向配合，需要换位思考采取合适的对策。作为员工，也应该避免发送类似要求管理者或领导者在工作日之外处理的邮件。

当然，大前提毫无疑问：工作日的管理层工作量必须削减。

安排优秀员工周日晚进行邮件预处理

我们对18家企业中评价突出的5%的优秀员工，共3142人，进行了调查，调查发现：优秀员工在行为和思维上呈现出诸多共通特征。例如：重视工作成就感，即便周五晚也干劲十足；每2周进行工作回顾总结，将经验运用到下一次活动中等。调查结果显示，这些优秀员工大约有80项以上的共通特征。

其中，在了解这5%的优秀员工如何处理邮件时，发现有以下共通点：在固定时间确认邮件，邮件内容简洁明了，直接对话而不是通过邮件交流，应答迅速等。

此外，这5%的员工，充分理解到提前做好准备工作对于提高业绩的重要性，非常重视前期准备工作。他们会在周日晚间确认周五晚及周末收到的邮件，制订好周一的行动计划。掌握情况，在周一这个工作日一早迅速处理。如果在周末突发了紧急情况，他们通常会周一早晨提前到公司处理，以避免事态扩大。

当然，我不倡导在休息日工作。只不过，夜间花几分钟确认邮件，就能提前做好周一准备工作，避免之后的时间浪费，无疑是高效的。

云附件缩减每周 41 分钟的文件查找时间

当我们发送的邮件中有表格和演示文稿等附件时，不仅会给对方邮箱容量带来压力，同时也会增加对方查收邮件的时间消耗。通过对 22 家公司 12 万员工进行调查发现，如果附件标明版本序号如 "V1（Version1）, V2, V3……" 倒还好，如果只是标注 "semifinal-semifinal2-final-final2"（初稿 - 初稿 2- 定稿 - 定稿 2）的话，人均每周要花 41 分钟用于查找附件。

针对以上问题，我们建议使用云附件服务，云服务可以缩减邮件查找时间，高效协同工作，避免附件错误导致的工作失误。云附件，并不是将文件本身添加到邮件附件中，而是使用云端服务器保存文件，同时大家共同享有编辑权限的一种结构。

登录后，我们既可以确定文件最新版本，也能进行编辑。文件制作者可以确认文档的编辑记录，如果万一发生编辑错误，也能进行原文件版本恢复。

Word2007 以后的版本中，恢复原文件次数的设置值为 100，但是 PowerPoint 的恢复上限初始值为 20，我们可以将"原文件恢复最大值"数字变更为 100（视情况可设置为 150），以便有效应对突发问题，保证文件的有效利用。

利用"2 分钟延迟发送"服务维护信用

一家客户企业（IT 企业），将客户信息和公司内部的联系方式整理合并在一起，收件人地址的首个文字输入之后，就会自动显示备选邮件地址列表。根据邮件来往频率和最近的记录自动显示备选列表的"自动填写功能"。然而，由于无法判断收件人是公司内部员工还是客户方，状况频发。例如输入"sato"，结果出来的名单不是公司员工佐藤，而是重要客户佐藤常务董事。即便平时倍加注意，加班工作时也会因为注意力低下，出现邮件投递错误。我大约 1 年当中也会收到 2—3 次晚上 8 点左右发送来的误发邮件。要解决邮件误发风险，我建议废除公司内部邮件往来，引入商务专用对话服务。

想要减少邮件误发率，建议设定邮件 2 分钟延迟发送服务。邮件服务使用 Outlook 的话，可以通过进行邮件分类整理，将邮件设置为 2 分钟后发送。当然，也有客户设置为 1 分钟后发送。但相对而言，2 分钟延迟有效降低了邮件误发率，同时不影响公司业务，所以我建议客户公司将邮件延迟发送时间设置为2分钟。

无须发邮件确认对方是否查阅

邮件的弱点就在于时间不同步，我们需要等待对方应答。此外，给不在办公室的人持续打电话也是没有效率的。与对方取得联系，迅速推进工作发展，最佳方式是交谈。企业专业的商务聊天工具，可以删除对话记录，可以解除与公司内部联络名单及各种应用的绑定，能够保证安心、快捷地使用。

企业专用的商务聊天工具最方便的功能是了解对方所在工作状态。如需联系的对方在线，就可以通过交流，快速获得回应。如果对方处于休假状态，则不要打电话或发邮件，而是在对方上班时间取得联络。提前确认对方所处状态，然后再沟通交流，对方也能比较愉快接受。下班回家或者休假的时间，就无须忙于应付非紧急事件。此外，保证紧急和重要工作得到重视，并得以及时有效解决。因为可以删除信息，所以误发邮件和错字的问题都能处理。

短时间内最有效果的是：减少用于信息编辑的时间，精简同时群发的信息。

聊天交流的过程中，无须考虑文体是否礼貌得体，无须说明自己所在部门，无须围绕天气的客套，可以直接进入对话。在为 28 家公司提供咨询服务中，我们建议 26 家公司引入商务专业聊天工具。在引入后的 2 个月，办公往来邮件流量减少 25%，员工用于处理邮件和对话的时间减少了 18%。根据对方在线状态，选择合适的方式进行沟通，联系效率得到提升，信息编辑时间和信息查看时间同步减少。商务专用聊天工具，在提高工作的"质"的同时，减少了工作的"量"，对于企业而言是必备工具。

面对面交谈提升工作进度

网络社交媒体扩大了我们的联络范围，我们的交流不再仅限于一对一的两人对话，还扩展到了可以一对 N 的群聊。

企业业务沟通常需要多名工作人员参与，且达到高效沟通的目标需求。企业聊天工具的优势在于，不是仅仅发送信息文本，还可以实现视频通话、文件传送、资料协同编辑、项目管理等多项功能。

　　然而，企业内部不少人认为，"工具应用太多太麻烦""紧急处理的事打个电话就行"，对于商务聊天工具抱有强烈的抵触情绪。但是，如果不跟上变化与时俱进，最后只会在职场舒适区被淘汰。

　　于是，我们在26家客户公司实施了工具普及试验。但是，开始进展极为缓慢。20年前，在通信公司，负责互联网业务推广时，我经常向客户建议："给每名员工配备一个邮件地址，然后将其打印在名片上，有助于与客户沟通交流。"约有1/4的顾客表示拒绝，理由是"我们公司有FAX不需要"。如果我在此之前向客户推销FAX业务，估计也会以"我们公司有电话不需要"这样的理由拒绝吧。

　　我的座右铭是"通过行动改变意识"。因此，我进行了这项试验，要求客户公司在一定时间期限内（设定在1周或者半天等确定的时间内），禁止使用公司内部邮件，全体成员只使用商务聊天工具处理工作。试验开始初期，许多员工怨声载道，后期则得到了不少人的认同。

企业商务聊天工具的大公司 Slack Japan 通过调查发现，引入商务聊天应用工具的公司，公司内部邮件业务量平均减少约 49%，会议量平均减少 25%，工作效率平均提升 32%。无论是商务聊天还是 Web 会议，都是实践出真知。

准确传达信息的资料篇

根据对方需求提供相应服务

很多公司常以自己精美的资料为荣。当他们递给我资料时，往往略带自豪，告诉我："越川君，这份资料很棒哦！"越是这样的资料，浪费的时间就越多。

我了解对方花了不少工夫制作的资料希望获得认可的心

情，但是，我是这样回答他们的："这份资料可以提升工作积极性吗？资料中的项目是否有进展？如果这两方面不明确，实在无法判断资料的水平。"

虽然我的回应略显不讲情面，但就引导员工"正确提高效率"的立场而言，我必须做出冷静判断：投入的时间是否能产生相应的效果。很多情况下资料都是为了制作而制作，制作文件本身成了目的，这正是导致长时间劳动的温床。

会议资料编写归根到底只是手段。我们追求的目标应该是通过资料获取共鸣，促使对方采取行动。公司内部会议的资料，目的是帮助意见统一或者做出决策，面向客户的资料，目标是获得相互理解或争取成功。因为，资料制作如果不以目标为导向，投入再多时间都没有意义。

如果资料制作上投入时间越多，成效就越大的话，当然希望能持续制作成精美讲究的作品。但是，实际上却并非如此。完全不顾资料展示对象的需求，只是一味埋头制作本身是不可取的。这就像在酷热的夏日，对方想要喝一杯冰水，而你却递上一杯热咖啡，两者是同样的道理。我们在制作资料之前，必须先了解对方需要什么，怎么做才能促使对方采取行动。

下图是通过搜集826位决策者的意见，得到的属性分类图。正如图中显示，必须先意识到输出的目的，然后再进行资料制作这样的输入型工作。

目标指向				
不要给想喝水的人端咖啡				
听者	决定方式	数字	竞争对象比较	信息量
管理者	感性派	非常喜欢	喜欢	越少越好
董事	理性派			
部长				
课长				
负责人		不擅长		
开发者 工程师	感性派	喜欢数据		越多越好

追求信息传达而非止步于信息传递

我们收集了客户公司近6万份电子演示文稿，围绕文件字数、颜色搭配、图形有无等进行模式分析。此外，为了了解如何促使人们行动，与各公司 828 名主要决策者进行了面对面的采访和问卷调查。通过对数份文稿的模式比较（A/B 测试），依靠对决策产生影响的资料提示，通过 AI 分析，总结出具备鼓舞激励员工行动作用的资料特征。当然，资料内容本身是非常重要的，但只是从资料文档设计的角度而言，决策者也进行了如下评论解说。

"内容简洁明了的资料效果比较好，接受者理解起来不费劲，感觉轻松不疲惫。"

"文字排列过于拥挤、密密麻麻的文件，让人头大没兴趣看。"

"重点突出的资料会受到青睐。"

当然，最终影响到决策的资料，就是"对方希望获取的重点突出的资料"。

根据以上调查结果，我们分析出"促使人们实施行动"资料的基本模式，通常具有以下特征：

· 1 张幻灯片 1 个信息

· 明确提出要求对方配合的具体行动

·最后 1 张为总结概括

·每 5 张幻灯片插入 1 次图片或动图

许多人在制作资料时，往往容易只关注资料传递行为本身。总希望在有限时间内，传递尽可能多的信息。这样做，必然会导致幻灯片字数过多，只是完成制作人的自我满足。资料制作的目的，不是为"传递"，而是为信息的"传达"。

运用白色进行视觉控制

人通过感官来读取信息。曾有一种说法：想让信息清晰且长久地留在对方脑海里，视觉植入信息是非常有效的。我们可以在制作资料时，充分利用视觉效果，引导到我们需要传达给对方的信息上。"1 页幻灯片 105 字以内 3 种颜色"的资料，通常能很顺利在对方脑海留下深刻印象。那么，具体颜色是如何选择的呢？

调查结果表明，标红的文字事实上引导效果不佳，色彩饱和度高的文字不利于阅读，人们往往敬而远之。黄色、橙色等用于突出重点的颜色使用频率较高，但如果以上颜色占比过重，会导致干扰过多以及视觉无法集中，反而起不到突出重点的作用。

根据验证，意外发现"白色"是视觉效果最理想的颜色。将想要传达给对方的信息通过增加周围的留白，黑底白字，给对方的视觉冲击效果最好。

于是，我们尝试了一下，将资料最重要的文字部分剪切出来，单独列一页，将其改为"黑底白字"以示强调，实现了令人印象深刻的效果。

在资料中，先用黑底白字总结结论，然后在后一页再进行详细说明，这样逐步引导，希望传达的消息就实现了传达到位。

首先，简明扼要地突出需要传达的结论，随后做进一步详细说明。制作资料时，始终抓住这一关键，就不用太担心版面设计之类的问题，并且可以将腾出来的时间用于思考最重要的问题。

随手记录缩减资料制作的时间

有不少人，拿到制作资料任务时，立刻就打开电脑开始编辑，边思考，边将脑海中想到的内容输到电脑幻灯片上。软件本身功能丰富，人们很容易就会在各种细节上花工夫，从而忽视大脑思考。

对此，我建议，在电脑上制作之前，先打好底稿。经过思考总结，再开始制作，这样有助于效率大幅提高。思考环节中需要明确：为什么要制作这份资料，怎样做才能让对方采取我们期待的行动，如何通过 10 张幻灯片把要点准确传达给对方。使用电脑或智能手机制作资料，大脑往往容易停止思考，我建议，随时记录想法。如果想转换心情，不妨去附近咖啡厅或图书馆坐坐，有助于打开思路。

准备工作

先不要使用 PowerPoint——阻碍大脑思维
用 Word 或者手稿写出方案，搭建整体框架——制作 PPT

1 张幻灯片

105 字以内

手稿记录启用

制作时间 −20%

交易成功率 +22%

8 家公司 4500 人
2 个月的挑战成果

制作时间缩短 20%，交易成功率提高 22%

"1 张幻灯片、105 字以内、手稿记录"的资料制作方法，我们在 8 家 IT 咨询公司进行了试验，参与人数共 4500 人。按照这条规则，将原方案重新修改后再提交给客户，经过为期 2 个月的试验，尽管资料内容是相同的，但是更新后的资料交易成功率提升了 22%。

同时，我们将客户评价高的资料作为标准模板，推广使用，不仅资料制作时间减少了 20%，业绩也提高 22%，这才是我们追求的高效方法。

建立前馈，避免资料驳回

长时间的劳动究竟是怎样产生的，我脑海里出现两个关键词："紧急问题处理"和"文件驳回"。紧急问题处理，通常只能做好事前应对措施，别无他法。但是，"文件驳回"则有可能消除。

文件返工需要占用大量时间和精力，且容易降低制作者的工作热情。如果在情绪低落的情况下重新返工，不仅效率低下，同时也会导致额外的时间浪费。

在此，我建议将完成度为20%的资料提交给收件人提前过目。前文当中提到从收件人那里获取反馈，在这里我们将其命名为"前馈"。目标是为了防止资料被驳回，增加与收件人的共同交流机会，有助于充实丰富资料内容。

此外，前馈能带来系列其他辅助效果。如，让初期反对这一项目的人，变成共同参与项目的成员，对话内容更有建设性。由于沟通交流的机会增多，大家还能／可以进一步探讨如何创造更大附加值等问题。

参加试验的3家客户公司，通过这点成功减少了无效劳动。

多屏作业提高效率

制作会议资料时，往往需要从各种不同资料中挑选信息，再进行加工总结。根据信息处理学会公布的研究数据显示

（"大屏显示与多屏显示导入后业务效率的测量"，富士施乐有限公司研究技术开发总部，柴田博二，2009年），2台显示器工作效率比1台显示器工作效率高13.5%。根据美国2009年调查问卷显示，使用多台显示器的用户，工作效率平均提高42%左右。

通过增加显示屏数量或者使用大显示屏，用户不仅可以创建和管理更多窗口，还可以完成多重操作。根据微软调查显示，双屏显示的使用，使员工的人均工作表现整体得到提高，其中女性职员的工作效率大幅提升。

（可升降式工作台）
有数据显示：1日内久坐时间超过7小时，每超过1小时早死风险则增加5%

我的工作环境：多屏显示

　　尽管我们很难对工作效率或生产力进行定量检测，我们仍对客户公司使用双屏的员工进行了问卷调查。调查数据显示：约有86%的员工认为自己"在更短时间完成了更多工作"（提升了工作效率），约有78%的人感觉"工作压力减轻"，总体上评价积极。虽然增加显示器配备提高了成本，但能帮员工提升工作效率，激发员工的工作热情，属于低投资高回报的有效对策。

提高出行效率篇
充分使用地图应用

如果需要与客户在外见面，不妨将时间和地点统一安排，有助效率提升。可以把客户预约时间尽可能安排紧凑一些，增加自己的可控时间。如果想要在有限时间内访问更多客户，完成更多业务，需要充分利用 app 的功能。

很多人会使用智能手机的地图功能，搜索到达预约见面地址的路线和时间。其中，谷歌地图的移动端 app，可以将搜索过的路线显示在预约行程表中。因此，我建议事先进行搜索而不是在运动中进行。

提前将闹钟设置为面谈结束前 10 分钟，即使在与客户交谈甚欢的过程中，也能确认结束谈话的时机，同时不影响接下来的安排。有时预约安排很满，我也会让参加者注意到手机的闹钟，以估算离席的时机。

避免重复性劳动是提高时间效率的铁的法则。提前检索道路拥堵情况，能避免更多风险。

虽然出租车的费用比铁路和公交车要高，但在车里可以交流或处理工作。如果预约见面的地址远离车站，选择出租车可以节约时间和减少精力上的消耗。

使用出租车时可以用手机提前预约，让出租车在预约地址的大楼前等候，再出发前往下一个目的地。这样安排可以节省每次寻找搜索出租车的时间，也可以提前设置目的地，无须再向司机详细解释，能集中精力在车上处理工作。

协同工作空间多据点化

当一次访问结束，距离下一个预约还有空余时间时，很多人会选择在访问地址附近找家咖啡厅或快餐店，简单处理一下业务。想要提高效率，我建议选择在协同工作空间里办公。只要有电源和 Wi-Fi，就能安静地集中精力办公，这样的工作效率要比委屈地挤在狭小的咖啡厅里高很多。提前搜索并预约可供利用的空间，能将节省下的时间用于处理业务。

我们的客户企业中有六成是大公司，公司的会议室经常处于满负荷状态，因此在处理客户约谈业务时，选择使用协同工作空间的情况日益增多。事实上，22家公司倡导协同工作空间办公后，员工出行成本年下降率超过5%，客户接洽率提高了28%，约有74%的员工对这种方式表示满意。

　　我们公司不专门召开信息共享的会议。需要对提交方案或战略做决策时，使用协同工作空间完成。还可以通过常用的基点，将参加学习或讲座的个体技能提升和人脉拓展连接起来。

小　结

缩减公司内部会议、邮件、制作资料占据的时间。

培养会议引导者。

用面对面沟通／在线聊天代替邮件。

一张PPT控制在105字内，用三种颜色表示幻灯片

极简主义者越川君的公文包

·超薄笔记本电脑：可以带着在全世界行走的超薄笔记本电脑轻巧耐用，内置数据通信用 SIM 卡，如果选择配备能够连接显示器的接口（VGA 或 HDM），部分功能，比如"工作指南针"功能（针对法人用户），可以实现使用者工作方式的可视化。小巧的 AC 适配器也备受青睐。

·迷你鼠标：为了提高资料制作的效率，通常随身携带移动鼠标。很多品牌的无线鼠标重量不足 100 克，袖珍小巧，方便收纳。

·遥控激光笔：现场解说时，酷炫全场。

·最新款智能手机：接触最新的高科技，有助于创造最新的提高时间效率的创意。因手机反应迟钝而焦虑，因编辑中的聊天信息不见而烦恼，纯属无效的能量消耗，最新款高性能的手机能帮你解决这一问题。

·名片夹与钱包一体化：告别现金支付，钱包里只需放上1张信用卡和少许现金，将名片夹放入钱包，两者一体化。

· 蓝牙钥匙：家中使用蓝牙钥匙则无须随身携带钥匙。可以用智能产品开锁，还减少了钥匙丢失的风险。

·服装租赁：职场人士穿的夹克衫、长裤、衬衣等可以使用包月租用的服务，无须清洗，款式变化丰富多样，喜欢的话也可以直接入手，非常方便。

·取消办公室：我原先一直是租用固定地方办公，如今主要选择利用协同工作空间进行交流、接待客户等工作。

·告别秘书：传统办公室都需要秘书。但是现在许多工作完全可以交给线上助手服务完成。比如，电话代接服务，可以在有电话打来的时候将内容以聊天信息方式发送给我。

连接全世界 Let's note

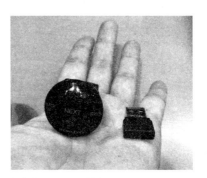

必备的 kokuyo 的黑曜石，无须展示操
作过程，配合说明即可流畅播放幻灯片

Qrio 无须携带钥匙

第 2 章

让 68% 的行动成为习惯的 "内环研讨会"

工作中的反思促进成长

复盘才能帮你确认实验是否成功。有很多人，会议结束后就开始无所事事，资料完成后就自我感觉良好。但无论参加多长时间的会议，制作多么精美的资料，如果没有明确要实现的目标，就属于浪费时间。更不能以完成眼前手头工作本身为目标。如果不定期进行反省思考，工作能力很难得到提高。作为职场人士，一定要学会定期复盘，并将从中总结得到的经验运用到今后的工作中。

如果这种"自省"能成为习惯，就能避免在职场中犯同样错误的情况，效率和效果都能得到同步提高。转变意识可能需要好几年时间，但是如果1周中能够确保有15分钟用于进行工作复盘反省，最终必然会改变人的意识。我们公司团队，包括我，通过这种自省模式，才实现了周休3日的目标。也许会有人认为这不可能实现，所以我想让更多的人体验一下，如何通过自省改变行为和意识。

何谓内环研讨会

想要改变，首先要培养自己的习惯：在复盘的基础上，不断优化。我们公司给 1.2 万客户提供了内环研讨会。所谓内环研讨会，就是以各客户企业员工为中心设立的 30 人左右的集中型研讨会。

首先，将每个员工认为的幸福、工作意义进行可视化处理，并在各小组内部互相认可。在此基础上，分组讨论，怎样才能感觉到工作的意义并确认大家观点的异同，以获得启发。此外，复盘过去 3 天内的工作日程的操作过程，通过手写的方式填入工作表中。例如，公司会议、约见、出行、客户访问等。

其中，将自己可控范围内的时间或内容，填入内环一栏中。这个内环区域，大约占到总劳动时间的 18%~22%。

接下来，复盘内环部分，写出反省、优化的方案。例如，花时间制作资料却没派上用场，晚上发邮件搞得对方措手不及，不该发邮件而是应该主动交流等。

在写出反省的基础上，写出优化方案或避免二次犯错的对策。例如：提交资料前应该先请收件人提前过目，联系不能临时起意而应在对方工作时间内沟通交流，列出类似行动计划。

把反省要点和反思方案，分别列在正方形便签纸上，然后贴在各小组的讨论板上，以便大家共享。通过这种方式，我们可以多角度发现解决问题的方案。

大家聚在一起讨论，会出现很多新优化方案。我们就能从他人的构思中获得启发，会产生更多灵感，提高效率。因此，每个小组要尽可能地积极讨论，畅所欲言想办法。

当小组都提出了优化方法，通过各组之间交流共享，我们能找到更新的优化措施。我们不仅可以从小组内部获得启发，也能从其他小组中获得启发，团体就能更容易找到优化方案。

当每组的意见都发表完毕，可以将自己的便签纸重新粘贴到个人工作表中。得出自己的优化措施，将优化方案安排落实到具体日期，以便完成任务。

我们可以将讨论板上的内容拍照保存下来，以便以后再次利用。由此就可以构建一个强制性反思的工作流程。

研讨会时间可以设为 2—3 小时。在研讨会后的调查发现，员工的工作积极性提升了 80% 以上，有超过 68% 的员工计划在 2 周内采取行动。

这种研讨会，既促进了优化方案的实施，还可以运用到今后的工作中。从员工角度来看，改进行动，创造自由时间，工作得到肯定，他们的满意度就会上升，这也有利于员工持续精进。

研讨会的概念图

外环

无法控制的领域

· 公司组织·人事
· 公司前景
· 公司规定

内环

个人可控的领域

· 沟通能力
· IT 工具使用技能
· 24 小时的安排
· 创造成果的快捷方案

从压力中解脱——盘点外环与内环

① 记录下过去的工作日程安排

　　　　　（示例）　　　Day1　　　Day 2　　　Day3
时间／日期 7/4

9：00 部门会议（内）
　　　邮件处理（内）
　　　××资料制作（内）
_____

12：00 午餐
　　　公司内部交流：主持人（内）
_____

15：00 接待客户（外）
　　　业务处理（外）
　　　资料制作（内）
_____

18：00 邮件处理（内）
　　　经费处理（内）
　　　20：30 回公司
_____

21：00

成果：计划方案完成
反省：出席会议未发言
　　　下午 2 点突然犯困
　　　邮件处理繁忙

②列出内环区域（示例）

1. 邮件处理
2. 经费处理
3. 公司会议
4. 资料制作

1.
2.
3.
4.
5.
6.
7.
8.
9.
10.

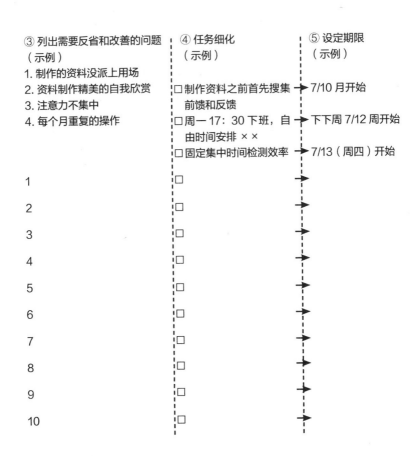

③ 列出需要反省和改善的问题
（示例）
1. 制作的资料没派上用场
2. 资料制作精美的自我欣赏
3. 注意力不集中
4. 每个月重复的操作

1
2
3
4
5
6
7
8
9
10

④ 任务细化
（示例）
□ 制作资料之前首先搜集 ➔ 7/10 月开始
　前馈和反馈
□ 周一 17：30 下班，自 ➔ 下下周 7/12 周开始
　由时间安排 × ×
□ 固定集中时间检测效率 ➔ 7/13（周四）开始
□ ➔
□ ➔
□ ➔
□ ➔
□ ➔
□ ➔
□ ➔
□ ➔
□ ➔
□ ➔

⑤ 设定期限
（示例）

此网址可以下载内环研讨会幻灯片模板：www.cross-river

	周一	周二	周三
9：00	部门会议	与上司见面	列席董事会
		资料制作	制作资料 / 数据处理
		外出：出行	
12：00	午餐	午餐	午餐
		外出：合作伙伴公司会谈（企划方案）	会面
	资料制作	外出：出行	处理邮件
15：30	会面 回复邮件	公司内部信息搜集 公司内部会议	会面
			社内电话
18：00	资料制作	回复邮件	资料制作 清账处理
		资料制作 经费精算	会面
21：00	回家	回家	回家

	A	B
	自己可控范围内时间	自己可控范围外时间
成果	完成计划方案	自己的计划书获得好评	董事会确认方向可行
反省	出席会议未发言 下午 2 点突然犯困 邮件处理繁忙	制作的资料没派上用场 回复邮件手忙脚乱	工作日程调整耗费时间 情绪化发言

资料制作
资料制作
资料制作
公司内部信息处理
资料制作
邮件处理
资料制作
清账处理

➡

<反省点>

·制作的资料没派上用场
·资料制作精美的自我欣赏
·注意力不集中 / 邮件回复
带来新问题
·每个月重复的操作

A 自己可控范围内时间

➡

<任务：（TO DO）>
获取资料反馈
文件简洁处理后的反应
设定固定集中工作时间段
探讨邮件方式之外的处理方案
确认任务实施后的变化

研讨会教材——尽可能充分运用自己掌控范围内的时间

内环研讨会的情形：各小组相互交流自己的内环内容与改进方案

15 分钟工作复盘意外提高生产效率

内环研讨会方案，正是我们调查总结了排名前 5% 的优秀员工的工作方式得出的。这些优秀员工普遍会定期总结工作，并将反思变成习惯。1 周 1 次或者 2 周 1 次，每次 15 分钟左右。

学习优秀员工的经验，更容易创造成果。因此，我们采取了研讨会的方式培养员工养成反思习惯。

有近80%的人在参加研讨会后，行动意愿高涨，愿意做出改变。我认识由此到：这正是让改变成为习惯的制胜模式。

我觉得这类似于组织行为学倡导的"经验学习"，即：具体经验→反思性观察→抽象概念化→主动实践。反复执行这4个步骤，可以提高人的学习能力，并将复盘后的经验用到今后的工作中，让经验学习成为习惯，这对效率提升的成功起决定性作用。在我们提供咨询服务的500家公司中，没有一家公司是通过自上而下的命令方式获得成功的，全部都是自下而上

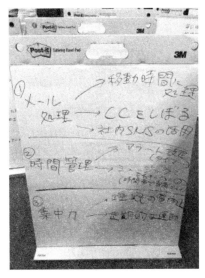

内环研讨会的情形，每组将讨论中提出的改进方案记录在白板或模造纸上，与其他组共享

的方式，即引导员工复盘，在这一过程中实现了思维转变，最后才获取成功。

减少 5% 的劳动时间

复盘习惯一旦形成，就会成为实际行动，从此可以告别PDCA 了。PDCA 指的是 Plan（计划）、Do（执行）、Check（检查）、Act（改进）这 4 项所构成的行动步骤。复盘主要是为了缩减在行动和检查的过程中用于计划的时间，优先采取行动推动工作进展。

正如之前反复强调，我们的目标不只是单纯减少劳动时间，而是为新业务创造时间，我们应抱有积极的想法，设置定量的目标，按照目标执行，直至目标实现。

首先，第一个目标，从现在的劳动时间中抽取出 5% 的时间。当 5% 的目标实现后，再争取达到 10%，依次设定阶段性目标，一步步获得成就感。

例如，确定减肥时，不要只是说"我想瘦"，而要确定"1个月瘦1公斤"这样的具体目标。定量的具体目标更容易实现。在开始行动后，每周复盘1次，确认目标进展情况。1个月22天工作日，1个工作日7.5小时，工作时间总计165小时。我们的目标就设定为（抽取出）8.25小时。当我们实现这5%的目标后，可以再考虑设定更高目标，或采取更高效的行动，然后继续执行。通过这种方式不断反思改进，我们的工作时间将会减少，工作效率也会得到提高。

充分调动员工主动工作的积极性

内环研讨会，通常是在反思总结经验的基础上，只要我们列出行动列表，标注完成期限，这部分任务就告一段落。

如果你作为领导者，期待员工在这之后取得成功，就必须督促其采取实际行动。不能听之任之，全盘交给员工自己，必须切实跟进员工的计划执行情况。奖励完成计划的员工，提醒还未采取行动的员工。

在公司团队里，并不是所有员工都拼命想要有一番作为。部分员工不想太逼迫自己，希望工作马马虎虎过得去，抱着低风险、低回报的态度蒙混过去。因此，领导者必须重点关注行动是否被执行，而不是着眼于到底取得了多少成绩。肯定有人以工作忙为由，迟迟不采取行动。实际上，那些没行动力的人，大多是不想面对执行后带来的困难，于是有意识地选择了忘记。

信息交流分享，可以让团队成员清楚了解到哪些人采取了行动，哪些人没采取行动。当未采取行动的人得知除了自己之外的所有人都行动了，就会感到内疚。虽然不一定要表现出色，但至少不希望被人看不起。未执行计划的人因为担心在小组内被公开受到鄙视，转而可能改变想法。虽然有点半强迫的味道，但是作为领导，要提升团队凝聚力，就必须充当这种不受欢迎的角色。总而言之，即便很小的行动，团队成员都能感受到变化，并形成持续性的动力，最终对于员工的成长也极为有益。

番茄时间管理法　解决精力分散问题

　　动作迅速敏捷，工作效率自然提高。本栏给大家介绍意大利的咨询专家弗朗西斯科·西里洛的番茄时间管理法。

　　番茄时间管理法，可以用于处理工作、学习、家务等事务。这项管理法要求执行者在 25 分钟内集中注意力，每 25 分钟结束后，间隔休息 5 分钟，如此循环往复，至少保持 4 个循环的时间管理方式。西里洛设置了一个闹钟，按时间段进行考试复习。西里洛原本是一名软件工程师，他在自己的网页上公布了番茄工作法。最初主要是那些在截止日期前赶工，与时间赛跑的软件开发人员在使用这种方法。

　　亲自实践番茄时间管理法后，我们才明白，要求在 25 分钟内集中所有注意力完成一个任务，看似简单，其实相当困难。番茄时间管理法，就是制定一个明确的目标，将其中列出的任务逐项完成，在完成任务的过程中，屏蔽所有干扰，完全集中注意力的25分钟工作时间。

这种时间管理法的天敌就是"干扰"。我们把电话、客人来访等不可控的因素称为"外在干扰"，受到干扰后番茄时间就会失效。另外，还存在"内在干扰"，比如，突然想起要确认邮件，与谁联系一下，心里总惦记着处理与他人相关的事等。受到内在干扰，番茄时间同样也会失效，至于同一时间内的多项任务，则更不用提。

其中，西里洛特别提出，要警惕"内在干扰"。内在干扰的根源在于，手头的事情并不足够重要，或者目标本身并不合适。疑问或不安的心情容易造成工作拖拉、精力分散等问题。

现实生活中，不少职场人士常因"外在干扰"或"内在干扰"影响工作进展。对此，我们不必太过焦虑。西里洛告诉我们：最开始无法集中精力完成任务时无须太过担心，不妨对自己宽容些，争取"下一个番茄时间管理"的顺利进行。在不断挑战的过程中，我们就能掌握集中注意力的关键，建议大家从尝试开始。

小　结

- 集中于自己能力可控的内环领域

- 需要定期进行反思复盘

- 复盘获取的经验有助于提高时间效率

第3章

提升自身价值
提高单位时间劳动报酬

你的计时工资是多少

要在更少的时间内持续创造出更多的成果。也就是说，我们要在"保证工作质量的情况下，减少工作量"。即，提高单位时间的生产效率，提高"计时工资"。

根据总务省统计局的劳动力调查（2017年）数据，正式雇佣的员工平均年收入为418万日元。根据厚生劳动省公布的数据，从业人员达到30人以上的企业中，正式雇佣的员工平均劳动时间为1781小时，平均计时工资约为2347日元。

各位职场人士不妨算一算自己的计时工资。公司就职的人员，可以通过年终发放的预扣税款收据、每月提交的工作票、带薪休假收入等计算出来。如果是自由职业者或个人私营企业主，可以通过最终年度报税单和年度结算报告的收入和利益，以及大致的劳动时间，计算出自己单位时间的劳动报酬。

计时工资是不是年年都有增长？你可以将最近3年间数据进行比较，找出薪资波动范围，给自己定下期待计时工资提升的目标。填补理想与现实之间的"计时工资信息差"，正是工作效率提升的目标之一。首先，必须确认一个问题：自己工作时间的投入是否有效提高了单位时间工资。

重新这样计算一下，估计有不少人能发现：工作成果与收入并未成正比。为什么计时工资无法提高，为什么会被迫加班，必须在仔细分析思考基础上想办法改善。

计时工资的计算方法 ① ÷ ②

①年收入（个人缴纳税款金额扣除交通费、住宅补贴等的余额）
②劳动时间（9：00-17：30 的情况下，除去午休事假，7.5 小时
×22 日）+ 月平均加班时间 - 带薪休假时间（年带薪休假时间天数
÷12×7.5 小时）

集中精力完成重要任务

计时工资能帮你确认工作的轻重缓急。因为你可以清楚知道有的工作有助于你计时工资的提高，有的则没有。了解

到这点后，你就可以把精力用于处理能提高计时工资的工作上。这并不是让你在提供高计时工资的单位就职，而是建议你可以集中精力完成计时工资增长潜力大的工作或者任务。

我们首先要对自己目前的能力和计时工资进行盘点，认真把握，对于预期的计时工资，实现预期所需技能或稀缺价值，积累经验的方式等，要有一个长期战略性计划。

也就是说，我们应该避免从事那些无法填补现实与理想信息差的工作，避免这样无效的投入。

对于那些完全无益于提高单位时间价值的工作，必须要有断然拒绝的勇气。

此外，副业同样会增加工作时间。我们必须意识到计时工资是判断投入与收益的标准。

通过乔·哈里资讯窗进行自我观察

通过他者反馈，进行自我观察是至关重要的。我们对于自己并不了解的部分，借由他者观察，能帮我们相对客观公正地了解到真正的自己。

乔·哈里资讯窗
通过他者反馈进行的自我观察

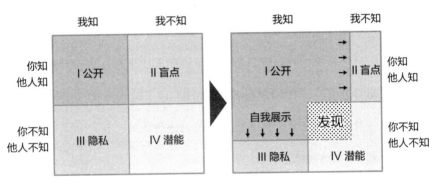

- 美国心理学者乔瑟夫·勒夫 与哈里·英格拉姆 1950 年提出
- 广泛应用于观察人际交流过程的图解模型

图：乔·哈里资讯窗　通过他者反馈发现自我观察的盲点

如图所示，乔·哈里资讯窗作为人际交往中自我意识的发现—反馈的模型，广为人知。与不同类型人才相互接触，通过"反向导师制"，从不同年龄层的人才那里获取信息反馈，可以帮我们发现自己不知道而别人知道的信息。这正是"自我认知信息差的发现"。

比如，我一直让一位即将工作的大学生，作为我的"反向导师"。由他告诉我，他听了演讲后有哪些关于不足的感受，如语速过快、专业术语太多、内容晦涩难懂。同时我也邀请这名大学生参与客户公司董事会议，这种方式对于双方有益，这正是反向导师制度的优势。

像这样客观观察自我的行为，是至关重要的。给予反馈和接受反馈，对于当事双方都是有益的，因此，我建议公司内部应该推行这种信息反馈文化。在改进了自己企业效率的案例中，这种信息反馈模式已成为企业文化的一部分，公司不断发展壮大，员工集体参与感增强，都证明这种信息反馈模式具备提高效率的功能。

运用信息差创造价值

那么，怎样做才能提高单位时间内的劳动报酬呢？这需要找出"信息差"，并推广应用这种信息差。

任何商业行为都会产生信息差。1602年建成的全世界最早的股份有限公司"荷兰东印度公司"，就是利用地理上的信息差打开了局面。原本在印度和爪哇岛随处可以见的像杂草一样生长的香料和红茶，变成奢侈品卖给了西欧的贵族。商人在当地采购红茶和香料，然后再卖出去。由于当时没有网络，商人可以通过这种远距离贸易，即"地域间的价值差"，来获取利益。

在物流网和信息网日益发达，地域间的价值差不断扁平化的今天，这种地域差很难再创造价值。以前只在巴西才能够买到的咖啡豆，现在在网上随时可以买到。心仪的运动鞋哪个国家还有库存，有哪些卖家等等，通过网络一目了然。

现在与未来之间的价值信息差，流通的信息与不流通信息之间的信息差，是一直都存在的。那些可以通过谷歌检索出来的信息，任何人都能搜到，这种情况就不存在信息差。只有那些无法搜索到的信息才会产生信息差，产生附加价值。

比如，虽然我们看不到全国印刷公司的印刷机的生产效率，但是如果将其连上互联网实现数据化、可视化的话，设计出一个更便宜更高效的印刷模型简直易如反掌。虽然我们看不到每家卫生间里卫生卷纸的纸芯，但是这种潜在需求实现可视化之后就不同了，就有公司依托这种需求创建提供了新的平台。

在分工的基础上，可以充分利用信息差。比如，利用成本信息差进军海外，在发展中国家的工厂进行开发。如果在国外设立据点，就能与现在所在地的成员协同作业，效率倍增。如果要分工安排，可以通过在有时差的不同据点安排员工，创造更多贸易机会。

加强信任度

"顾客是上帝"这句话被频繁使用。要成功吸引客户，需要主动采取行动。

但是，招揽新客户往往难度比较高。作为新客户，因为未知的风险，很难决定新订购与否。慎重考虑是理所当然的。

相比之下，向老客户推荐新品的难度更低，客户对公司产生的信任和安全感，相对容易激发客户再次下单的念头。

开发新客户的成本，与向老客户推销追加下单的成本相比，后者时间投入更少，效率更高，成本更低。通过对客户IT企业的调查，我们发现开发新客户的付出，比维系老客户的付出要高出3倍。

因此，我们建议尽可能减少新客户的开发成本，不断提高客户对企业的信任，从而达到追加订单的目标。这种方式最终会提高单位时间效率。正是因为越来越多的公司将主要精力投入客户满意度和客户成就感，B to C的公司才纷纷出现。不拘泥于眼前的短期利益，而是通过提供客户终生价值（LTV=Life Time Value）以获取持续收益。要实现这一目标，必须提高客户的信任度。

例如，在处理问题时，认真站在顾客立场处理有助于提前解决问题。之前，我在微软公司任职期间，曾到约585家公司上门道歉，结果得到了总计约63亿追加订单。只要有充分准备的诚意与防止再出问题的对策，危机就会转变为商机。

在加强与客户的信任关系的同时，也需要不断加强公司内部员工之间的信任关系。在同事遇到困难时主动伸出援手，在其他部门遇到问题时主动协助解决，这样当自己遇到困难也不会孤立无援。信任，能帮助你在岗位调动或是离职跳槽时，得到一臂之力。

仅凭一己之力，往往难以解决复杂的问题。如果和周围的人建立信任关系，就可以尽早尽快解决更多问题。

拥有复原力

伦敦商学院教授琳达·格兰达曾在他的书中提到，人生需要积累以下资产：生产力，活力，应变力。

应变能力是生存竞争中的必备能力，但是，未来我们更需要的是"复原力"。这种复原力，包括承受压力的耐力，灵活处理压力的能力，自我恢复的能力。拥有复原力的人，就像橡胶一样被拉开后能够迅速恢复原状。

拥有拉伸也能立刻恢复原状的复原力

很多人为了避免遭遇打击选择一直逃避问题，但是在职场，完全没有任何外在压力是不可能的。因此，我们不应该逃避受到的影响，而是要减少影响，在受到打击之后具备自我恢复的能力。

在这种意义上，工作结束后的一杯咖啡，让自己沉浸其中的爱好，大汗淋漓地运动，总之拥有"自己独有的快乐"，非常有助于自我恢复。从医学角度而言，与其拖拖拉拉磨洋工过周末，还不如痛痛快快放松一下更好，反而更有利于工作日保持饱满的工作状态。此外，人们认为，学习新知，平和安稳的日子，也有助于提升自我恢复能力。

未来我们将面临各种各样的挑战，也意味着我们会遇到各种各样的挫折。强者即便身处困境中，仍有充分的精神准备，能轻松应付。只是一味埋头拼命是难以为继的。充分休假，忘却压力，完全放松，至关重要。

我们所追求的人才多样性，不局限于性别，还包括年龄层、背景、工作经历等项目的多样性。包容差异性的存在，将不同人的不同想法和经验组合在一起。通过这种方式，能产生新的化学反应，创造新的商机。不同的联结会推动各种创意的产生，因此，我建议在平日 / 周末也需要多接触公司外的不同类型人才。

企业，尤其是大企业，除了正式员工之外，还需要充分发挥业务委托机构的功能。这并非处于简单的成本控制，而是因为主动与不同类型的人相互沟通交流，会创造更多利于创新的机会。对于公司内部员工而言，在引入业务委托的不同类型的外部员工过程中，能够感知到外部环境的变化。

我们在 8 家公司进行了试验：仅限公司内部员工参与的项目，业务委托机构参与的项目，风险企业参与的开放式创新项目。采用以上 3 种不同方式，在公司推行新业务的开发工作。最后试验结果显示，第二种和第三种方式中创意的"孵化率"比较高。此外，我们还发现在具体执行环节，第二种方式达成目标的时间投入更短。

单一的内部员工之间无法产生的化学反应，在多样性人才的相互交流中，就会碰撞出思想的火花。要想达到这样的效果，必须充分考虑多种雇佣形式的灵活运用，也可以帮助企业走出人才增加的形式陷阱。

小　结

　　·缩短劳动时间，增加收入，必须有意识提高单位时间的劳动报酬

　　·制定提高自身价值的长期战略

　　·利用（虽然必要但是未能提供的）信息差提升价值

专栏

丹麦的理想工作方式

　　我于 2017 年访问了丹麦的首都哥本哈根，并参加国际学会。丹麦虽然国土面积不大，但是单位时间生产效率超过美国，位居世界第 5。丹麦不仅生产效率高，作为国民幸福指数高的国家也很有名。会后我临时申请延长在丹麦停留的时间，决定做一项调查："怎样做才能幸福地工作"，以及"如何提高工作效率"。我请会上结识的丹麦学者给我介绍了 17 位在丹麦工作的商务人士，我分 7 次听取了他们的想法。

有摩擦是好事　多找问题

　　首先让我感到吃惊的是丹麦人如此直白的表达。在我对他重视大家庭的价值观表示赞同之后，我也告诉他日本现状：

日本企业面临少子化高龄化导致的劳动力不足，所以长时间劳动基本是常态。在那家环境不错的咖啡厅里，对方提出一连串问题：到底工作与家庭，哪个更重要？你刚才不是赞同家庭很重要吗，为什么不试着做出改变？必须要坚持自己的想法才行。

我采访的第一个人并不是特例。大家都很坚持自己的意见。当采访到第 5 个人时，我完全明白了。在他们的观念中，出现摩擦是好事。大家一致认为，新的想法都是在各持己见的人之间的摩擦中产生的。

转而对照下我自己又是如何呢？大多数情况下，我们在讨论中，尽可能避免冲突，努力察言观色，意见表达也大多模棱两可。我想，这是因为，我们更多注重的是和谐相处。当然，我并不是要否定"和谐"，只是我们也必须考虑其可能带来的副作用，例如会议时间过长，难以讨论出好的方案等。

通过反思，我发现，他们的对话中经常出现"内省"这个词。他们通常会定期进行工作回顾，然后将总结的心得和经验运用到下一步工作中。而且，他们在幼年时期，经常接受的教育就是：主动提出问题。据说大名鼎鼎的玩具制造商乐高公司，规定每周必须安排 10 分钟自我反省的时间。

简单直接　拥有放弃的勇气

当我直接问到"为什么这样做相对工作效率比较高"时，对方的回答言简意赅："直截了当放弃无效劳动，本身就是在提升自我价值呀。"他们不过分在意周围人的眼光，同时拥有放弃的勇气。如果必须要不断提升自我价值，磨炼自己的工作能力，自然可以轻松理解他们的做法。

丹麦人在休假时通常会屏蔽所有工作，选择去往郊外小住。我问道："不工作的这段时间会不会感觉不安，连续 1 个月不回复消息，会不会得罪上司呢？"结果对方告诉我："从来没有这样想过。就有一次暑假度假回来，公司有人排挤我，我当时就辞职走人啦。"采访给我留下深刻印象：丹麦人清楚地了解自己的选择。

通过调查发现，丹麦的员工雇佣流动性很强，基本上 4

个正式员工中就有 1 个会在 2 年以内跳槽到其他公司。

雇佣方式多样化与办公自动化

在丹麦，人们非常重视"幸福地工作"本身，最主要的原因要归功于丹麦政府，因为政府创建了包括失业保险在内的安全保障网络。

安全保障所涵盖的对象广泛，除了企业正式员工，还包括从事网上工作，通过云服务承接任务的自由职业者，全国都在推动雇佣形式多样化和生活保障。2016 年世界经济论坛对丹麦给予了高度评价，认为丹麦是鼓舞/引领劳动者面对风险接受变化，是激励劳动者聚焦未来发展的国家。

此外，丹麦还通过 AI 促进职场自动化发展。世界领先的全球管理咨询公司麦肯锡公司数据报告显示：由于丹麦公共部门的比例很高，全国整体而言，自动化程度比例低于世界平均水平，但是民间企业的自动化不断发展，预计 73% 的常规工作今后将实现自动化。

也就是说，类似工作报告、资料编写等业务推行数字化、标准化处理，通过 AI 能够比较轻松地实现自动化。企业率先引入 AI，将其运用于常规工作的自动化处理，前文中提到的乐高公司，据说就是在保证工资水平不下降的情况下，导入了周休三日的制度，大大提高了员工的满意度。

总而言之，通过调查发现以下 4 个特征：

1.通过自我反省，停止无效劳动，用创造出的时间投资未来。

2.提供应对挑战的机会和保障。

3.接纳多样性人才有利于创造新商机。

4.自主思考职业路径，找到有幸福感的工作，尽快行动。

在丹麦停留的这段时间，改变了我的人生。回国后，我将在丹麦学习到的经验推广到各客户企业具体实施。我想，这应该是日本企业未来发展的方向吧。

OECD 加盟国单位时间生产效率（2016 年，35 个国家的数据比较）

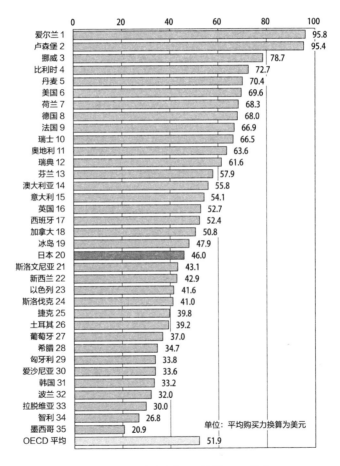

	0	20	40	60	80	100
爱尔兰 1						95.8
卢森堡 2						95.4
挪威 3					78.7	
比利时 4					72.7	
丹麦 5					70.4	
美国 6					69.6	
荷兰 7					68.3	
德国 8					68.0	
法国 9					66.9	
瑞士 10					66.5	
奥地利 11				63.6		
瑞典 12				61.6		
芬兰 13				57.9		
澳大利亚 14				55.8		
意大利 15				54.1		
英国 16				52.7		
西班牙 17				52.4		
加拿大 18				50.8		
冰岛 19				47.9		
日本 20				46.0		
斯洛文尼亚 21			43.1			
新西兰 22			42.9			
以色列 23			41.6			
斯洛伐克 24			41.0			
捷克 25			39.8			
土耳其 26			39.2			
葡萄牙 27			37.0			
希腊 28			34.7			
匈牙利 29			33.8			
爱沙尼亚 30			33.6			
韩国 31			33.2			
波兰 32			32.0			
拉脱维亚 33			30.0			
智利 34		26.8				
墨西哥 35		20.9				
OECD 平均			51.9			

单位：平均购买力换算为美元

日本生产率本部【选自"劳动生产率的国际比较 2017"】

丹麦排名第 5，日本排名第 20

第4章

迟迟未能付诸行动的原因及解决方案

迟迟未能付诸行动的原因

早期，企业对员工的要求是"按照吩咐做事即可"。而后，对员工的要求是"能独立思考做决策"。如今，我们没能顺利推动改革的原因是什么呢？

这是因为我们想要逃避那些不确定性和痛苦。变化本身，就像走一条未知且看不清方向的路。人们往往会选择回避不确定性因素，倾向于让生活保持在自己的舒适区，维持原有的习惯和行为模式。这是我们基因的天性，不愿意改变是很正常的。

所谓智慧，就是适应变化的能力。

斯蒂芬·霍金

有过失败经验的人更倾向于选择维持现状。好不容易鼓起勇气发起挑战，倘若没有任何结果，就会感觉到自己无能为力。此外，对未来的担心会不断扩大，愈发沉重，不愿改变。花时间想象未来可能的负面影响，其实就是在逃避改变，因为想要逃避，所以才会让思维止步于想象。

此外，还有人为了逃避改变，将时间用在其他无关的事上。放手原本需要立刻着手的工作不去做，而是一早起来就开始浏览视频网站；原本要去健身房健身的，没去健身反而开始玩起了手机游戏。相信很多人都有这样的经历。

正是逃避不确定性和痛苦的防卫本能机制，让我们的改变迟迟难以进行。

倾向于维持现状而忽视未来

我们倾向于优先考虑现在，而不是未来。虽然未来可能会获取收益更多，或损失更多，大多数人依旧优先选择眼前利益。

工作中，由于"维持现状的倾向"，我们很容易无意识地选择先去完成那些细枝末节的不那么重要的事。有时候，甚至为逃避痛苦而放弃思考，去处理那些无关紧要的工作。

在此过程中，虽然我们的内心非常清楚，提高效率是我们当下应该做的最重要的事，但同时，又认为这并非紧急事件，所以不主动积极采取行动。因为，现在不改变也无关生死存亡，没有紧迫感和危机感，让我们继续维持现状。

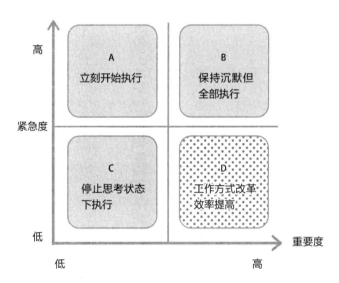

关注眼前的倾向导致非紧急事件被推迟延后

没有具体方案就不行动

思想上非常重视，也准备采取行动，而实际付诸行动的人只有10%，而能持续的人又只占行动派的10%。很多时候，我们并不是忘记行动，而是在想要做出改变却不得法时，因为气馁而放弃。

一旦有"不知具体如何操作"的想法，我们不想做出改变的概率就会提高。例如，心里想着"做咖喱吧"，我们就能驾轻就熟地想到那些相关的必备食材和烹饪方式。但是如果想着"做罗宋汤吧"，只会不知所措。"不知道菜单＝付诸行动的门槛高"，可见，没掌握方法就无法改变。

提前制订具体行动方案（带菜单的食材）是有效解决办法。例如，不是空喊拒绝加班，而是列出具体方案，如，"以信息共享为主的内部会议造成的加班时间，从下周开始，一周之内力争减少20%"。

以获取实验结果为目标的尝试性改变

面对阻碍行动的不确定性和痛苦，我们该怎么办？不用焦虑，我们尽可能想象行动产生的积极影响，多进行低风险的尝试。如果过多的时间用于思考风险，就容易夸大负面因素。立刻行动，从力所能及的小事做起方为上策。

行动的目的，不是为获取成果，而是为获取实验结果。过于在乎成果，就容易陷入思维困局，会更多地花心思去想"制订出可以顺利推进的完美计划"，而不是立刻付诸行动。因此，最开始不要在乎成果，而是以实验本身为目的。因为是实验，所以进展顺利与否结果都是相同的。通过多次尝试性的实验，从实验结果中获取"基于事实的经验"，然后再将其运用到下一次行动计划中。

将行动作为任务，设定完成的截止日期，列入计划表。通过尝试性改变，发现改变在自己可控范围之内，就能产生认同，就会主动想要持续改变。

持续创造小的成功体验

如果改变后取得了可观的成果，想法就会随之变化。尝试改变，就会变成持续改变。因此，我建议从最初的一小步改变开始。

我们在从事制造业的 4 家客户公司进行了试验。分"开会时间减少 25%"的大目标和相对容易实现的小目标"限定小组会议在 5 分钟内完成"，试验结果显示：难度小的目标成功率较高。在两种目标都取得成功的情况下，难度小的可持续性更高。如果成功＝持续行动的话，就无须在乎成功规模大小，而是要以持续获取小的成功为目标。

临时起意的改革，必然会引发抵触情绪。没有具体行动方案，大家普遍会担心可能导致严重后果。但是，如今这个时代，维持现状不改变本身就是最大风险。试试通过进行小的尝试，获取小的成功体验。在一步步尝试中获取成功体验，逐渐产生认同，再将改变持续化，并继续制定能够达成的目标。如此，就会培养出员工们的工作热情和自信，意识就会随之发生改变。

小　结

为何迟迟未能付诸行动,该如何做出改变?理由与对策:

理由 1　回避不确定性和痛苦的心理阻碍了行动。人无法做出改变是正常现象。

理由 2　关注眼前事务的倾向导致了非紧急的工作改革方案的延迟。

对策 1　提醒自己要改变行动,不断反思会改变意识。

对策 2　制订具体的行动计划有利于行动实施。

对策 3　以实验为目的进行尝试,不断累积小的成功经验。

对策 4　不在计划上投入太多时间。开始行动至关重要。设定具体的目标。

第 5 章

未来的劳动方式

劳动方式改革本质是顺应时代变化

人类社会，就是在不断适应变化的过程中发展的。现在不转换思维进行改革，在遭遇人才不足和利润减少的困境时，必然会有许多企业难以为继。

少子高龄化带来的问题越发严重的今天，通过增加员工和劳动时间来增加收益的方式效果 / 作用极为有限。一切按照指令行动就获得工作安全感的时代早已一去不复返。今后的重点是公司发展与员工满意的双赢状态，为实现目标应该顺应时代需求与变化，如果将目光只停留在手段的运用，效果是不可持续的。

工作满意度提升的收益

我们在这一生中，不得不长时间参与劳动。我们如果对工作很不满意，那么过了 70 岁还要继续工作本身就成为一种折磨，又该如何自处？《生命转化》的作者林达·格拉顿告诉我们：人生百年，必须要保持活力。

与活力关系密切的就是工作满意度，也就是能在工作中感受到幸福。这种幸福感时间越长，就越容易激发活力，让参与者更愿意工作。因此，我们每个人都应去思考自己工作的意义是什么，想要实现工作的价值，应如何改变劳动方式等。根据我们对22家公司16万人进行的关于工作满意度的问卷调查，结果显示影响因素主要集中在以下3点：认同、成就、自由。

认同，主要就是得到客户的认可，公司内外都受人欢迎。其实，这种认同的需求很容易满足，例如被上司的上级喊出名字，得到相邻部门同事的一句感谢。但如果认同需求过于强烈，要求过多的话，就会成为只知索取的人。要明确一点：认同，是建立在成就基础之上。

成就有助于提升工作满意度。销售额超过预期，通宵完成大项目等，都会带来成就感。同样，周五下班后的放松以及公司的发薪日，都会给我们带来成就感。不付出就没有成就，我们要思考如何通过行动获取成就。

在自己喜欢的时间，以自己喜欢的方式，做着自己喜欢的工作，这就是自由。但是没有绝对的自由，自由之中包含有责任。

对工作的满意程度，会影响到工作热情，进而影响工作表现。

一般情况下，找到工作意义的员工的工作效率比感受不到工作意义的员工高 1.5 倍。公司需要工作满意度高的员工。因此，领导者需要考虑如何提高员工们的幸福感。

然而，即便消除员工对工作的不满，也未必能提高员工的满意度。因此，虽然我们要充分聆听员工的意见，但聆听也未必能让员工满意。因此，领导者的任务就是要提高员工们的幸福感。首先，领导者要站在集体的立场，积极引导员工共同奋斗。

什么情况下感觉对工作满意？

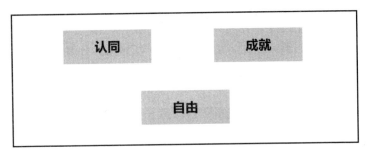

根据对22家公司16万名员工的工作满意度进行问卷调查，调查结果集中在3个关键词：认同、成就、自由

多样性结合有助探索创新

想要创造的成果一年比一年多，我们需要的不只是解决方案，而是创新。解决方案可以将负面因素消减为零。但在客户的立场上，还希望能增加快乐。

此时，就需要创新。创新，不是将 -1 变成 0，而是将 -1 变成了 +2，最后得到了 +3。要培养创新，必须改变创造的方式。英文中有一个单词"innovation"，我们常常会理解为"技术革新"。但是，提出这个词的奥地利经济学家约瑟夫·阿劳斯·熊彼特（Schumpeter）的解释是：innovation= 新结合。这种新结合，就是不同见解和经验、观念的相互搭配，产生化学反应，并创造出之前未想到的新创意。

想要启发更多新创意，更应考虑人才多样性搭配交流沟通，才有利于营造创新氛围。

具体实施时需要配合企业文化和员工文化进行。比如，让刚被录取的毕业生一起参与研修，固然可以促进同批入职员工的关系，却也有可能埋没企业发展前景。同类型人才有助于建立同质性团队，但容易因缺乏多样性影响创新。

因此，大企业和风投企业搭配在一起形成的开放式组合备受瞩目。大企业，可以吸收来自风投企业的刺激和见解，尽可能发挥其执行力。有创新力的风投企业，与执行力强的大企业搭配起来，更容易探索创意。

未来创新能力的有无将前所未有地影响到企业的生死存亡。因此，创建团队时，尽可能招纳多类型人才，营造相互尊重和自由交流意见的组织结构。

办公全球化

"远程办公"一词，虽然很多年前就已经被广泛使用。然而在不少人的印象中，远程办公主要是照顾一部分需要照顾孩子或者老人的员工。然而，现今全球化的发展和创新成果，要求员工和客户，公司内成员和公司外成员之间保持更紧密的联系。

此外，在以"设计思维"为主导的探索创新机构中，尤其重视"倾听"和"尝试"，因此，想要拉近与客户之间的距离，不能总是坐在办公室按部就班，更应去现场交流。

另外，越来越多的办公不再受到时间地点的限制。比如，有的员工可以在下午 1 点到晚上 8 点期间工作，有的则可以选择早上 6 点到下午 3 点期间办公。个性化的工作方式将进一步呼吁远程办公的推进。

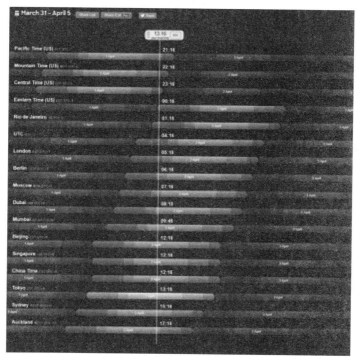

我公司使用的是时差确认网站　Every Time Zone

利用时差玩转 24 小时

我们可以充分运用时差。只要建立起合理的联系，在你
睡觉的时候，你都能找到配合你工作的人，就可以实现 24 小

时连续工作。实际上，我们公司，在巴黎、曼谷、西雅图、纽约等地都安排有员工，他们的工作除了海外事务之外，还充分利用到了时差，比如西雅图的员工被安排去处理日本的工作，在巴黎的员工顺便完成曼谷的工作。不仅没有增加个人劳动时间，还迅速完成了客户交付的工作，提升了客户的满意度，这也有利于今后业务服务的深入。

公司内外员工无差别化

每年，都有近 300 万的人成为自由职业者。各个企业也在以委托的形式聘任员工。这种弹性雇佣方式，有利于接纳主张个性化劳动方式的劳动者。

如此一来，公司内部传统方式雇佣的正式职员，非正式雇佣的派遣职员，以及以自由职业者为中心的业务委托负责人员等以混搭形式聚集在一起。未来可能会有更多劳动者可以通过副业提升收益，更多企业的用人方式会发生变化，优先选择业务委托的方式，而不是雇佣的方式。

如今，公司的内外分区意识逐渐消失，成为为了实现一个共同目标的交流型项目的集合体。

现场力的强化

支持日本经济高度增长的阶层型组织，要求员工服从性好，一切按照指令工作。高品质大量生产的时代，要求对员工进行长时间的培训。但是，这样的组织在探索创新方面则难有发展，因为组织文化氛围会自然避免标新立异的人才。不过，阶层型组织有执行力强、现场凝聚力强的优势。如果可以充分发挥优势，就能增强竞争力。

与此同时，日本制造业奉行在工作现场发现问题、解决问题的原则。也就是说，一家公司可以先创建出有利于探索创新的环境，然后将权限移交给执行力强的工作现场，两者结合。未来的时代，更需要的是创建充分发挥"现场力"优势的组织结构。

情感共鸣的必要性

缺乏信息共享，必然会导致沟通出现问题，员工对公司的不满和不安情绪就会不断累积。因此，为了更高效地提高执行力，和不同背景经验的成员探索新商机，我们更需要了解每个成员的心理，争取情感共鸣。虽然喜怒哀乐等情感不易察觉，但幸福感可以反映在工作满意度上，提升共鸣，有助于更紧密的沟通，自然也会提升团队整体行动力。

其中，特别需要共享的情感是"感谢"之情。正如前文所述，认同与成就能让大多数员工感受到工作的意义，感觉得到"认同"。同时，接受感谢的人也能通过对方的反馈感受到"成就"。这种情感共鸣，有助于增强团队凝聚力，提高团队合作解决复杂问题的能力。

JQ 比 EQ 更重要

有时，当一个需要多人共同合作解决的复杂问题发生时，问题的解决难易程度往往和号召者本人是否受欢迎息息相关。一个受人欢迎的号召者才能获取他人的情感共鸣，让人们因信任而聚集在一起。一般情况下，这种"有号召力的人"，往往大多是"无私的人"。

一个人，无论积累了多少丰富的经验，专业性有多强，掌握的信息有多准确，如果利己心和虚荣心很强，就很难具备号召力。换言之，没有强烈的得失心，不利己，追求正义感，努力致力于社会公平发展的人，才具备人才吸引力。

长期以来，我们往往要求团队项目负责人具备较高的 EQ（Emotional Intelligence Quotient=情绪管理商数）。但是，未来，JQ（Judgement Quotient = 正义感、解决问题、创造价值的整体能力）将比 EQ 更加重要。能对价值做出判断的人，才能吸引优秀成员组建团队。

经济高速发展时期，市场需要能按指令工作的具备 IQ 的员工。强调"头脑聪明"的 IQ 型员工，导致了学历型社会的形成。而现今社会则要求员工在按照指令工作的同时，能在其他成员的帮助下合作解决复杂难题，因此也对员工的 EQ 提出了要求。

而随着时代和问题的发展，JQ 型员工受到了更多召唤。富有正义感的人群，会形成强有力的共同体，有助于解决社会课题方面的探索创新。而在团队初创时，更多的人也会倾向于选择追随有正义感的负责人，而不是追随单纯追求利益的负责人。

站在公司立场打造自身市场价值

不隶属于任何企业或国家的个体是劳动方式改革的主角。我们每个人都需要掌握与时俱进的应变能力，主动积极参与经济活动。

重新理解自身价值，将其与市场需求进行匹配。不依赖公司，而是将公司作为提高自身价值的平台，充分发挥公司的作用。还没有明确这个想法的人很难适应时代的变化。换言之，每个人都是公司的拥有人，作为员工必要不断思考如何提高自身价值。如果有这个认识，就能持续感受到工作的意义和生存的价值。

未来计时工资上涨的职业类型：设计师，统筹师。

设计师、统筹师，荣登油管（YouTube）理想职业的人气排行榜前两位。5 年前的我们恐怕很难想象到这个局面，但是随着 AI 的出现，许多职业逐渐消失，许多新兴职业开始涌现。日本社会所需要的职业在我看来在 2019 年的夏天开始有了新的焦点。

1. 设计师

20 世纪 90 年代后半期，美国硅谷提出"设计思维"：在探索创新的过程中，设计师的作用至关重要。

所谓"设计思维"，综合业内专家、工程师、设计师三者角色特性再来探索创新的思维过程。如今许多风险投资企业谈及创新时，普遍将其作为方法论而广泛应用。

遗憾的是，日本这种设计师的职业类型非常稀少。今后，面临劳动人口不断减少的难题，要探索创新促进发展，需要打造创办公司、培养企业发展的文化。这一过程中，负责优化市场的业内专家，从事应用开发和服务的工程师等，人数在持续增加，但是起决定作用，协调两者之间关系的设计师比较少。

"信息差"是创造商机的源泉。业内专家通过信息差把握市场需求，工程师则可以通过技术手段让信息差成为商机，当然设计师的参与也是不可或缺的。只有这样，才能促使市场需求中不易操作的东西得以实现。在我们的固有观念中，大家普遍认为设计师指的是流行时尚设计师，或者室内装饰的设计者。但现代社会呼吁的设计师思维人才，指的是具备整体设计思维的人才。在未来社会，商业设计师的价值将持续提升。

2.统筹师

SIGAMAXYZ 合作伙伴柴沼俊一，日本经济新闻集团副总编辑濑川明秀，在 2013 年出版的《集合》一书中重点介绍了现代社会未来的新的工作方式。

Aggregate，原本为"集合"之意。柴沼俊一这样解释："在短时间内能迅速联结公司内外不同类型人才，通过组合搭配，及时提供适应市场变化，满足市场需求的个性化商品和服务。"明确工作职能，自主开拓市场，坚持到底的毅力，探索创新的能力，正是"Aggregate"所要求的特质。这本书同时还提出，未来副业会成为必然趋势，人们可能同时在两家以上的公司工作。

说来汗颜，我的名片上也标注有"统筹师"这一职务。这本书深深地影响了我的思维，给了我鼓励。在硅谷出差期间，我遇到了另一位名片头衔为"统筹师"的印度创业者，他同样给了我很大启发。

他告诉我："随着客户需求的复杂化，单一的企业往往很难解决客户的所有需求，因此需要我们集中一些必要能力，迅速协助客户找到解决方案，这就是我们的工作任务。"在交流时，他自信满满侃侃而谈的神情至今令人印象深刻。

时代正在日新月异地发生改变，减少无效会议浪费的时间，将精力用在解决复杂课题上，"统筹师"正是适应时代需求，将能力、信息、人才在短时间内全部集合起来的职业。这种打破公司限制，在职场上自由活跃的工作，也正是我追求的目标。

统筹师团队的工作方式

通过对我们统筹师团队的工作方式总结，我们发现以下特征：

1 工作委托
基本上来自 Twitter 的 DM，Facebook 短信息，VisasQ。

2 日程表
CASTER BIZ 的在线助理安排日程表，没有实际见过面。

3 发布报价单、送货单、订货单
通过 Misoca 发布报价单、送货单、订货单等。

4 成员召集
bosyu 召集成员。有时也通过 Facebook 召集。

5 团队协同工作
Office 365 协同办公。需要交流时使用 Teams 或者 Zoom 开 Web
会议。成员状态可以通过 Teams 看见。用 Trello 任务管理。

6 团队群体会议
基本禁止。通过 Slack 或 Teams，Chatwork 可以掌握每个项目进展
情况。执行董事会议负责讲解的董事会全部只用 Zoom。

7 成员间交流意见
需要提出方案时，协同工作空间的 Basis Point 的会议室通过网络预约
开展头脑风暴。

8 国内外出差安排　餐厅预约
接送以及机票、新干线、酒店预约等全部由 CASTER BIZ 的在线助
理完成。只用 Chat.work 提出要求。出租车出行通过手机端 Japan
Taxi 应用预约。

9 文章连载或出版行业
原稿通过智能手机语音功能输入粗略记录，请海外工作人员进行校正。
在线助理搜集必要调查数据，通过共同编辑功能记录在原稿上。

10 调查
通过 Web 问卷进行客户调查。请西雅图的员工通过 Power BI 进行分
析制作图表。

11 应用的开发
不开会而是通过交谈确定应用开发计划，交给名古屋员工负责开发。

12 资料检索
2 周内 10 分钟？ Office 365 的 AI "Deve" 负责随机提示必要的资料，
每天早晚各确认 2 次即可。

13 海外项目
基本交由所在地成员负责。提交给客户的报告通过 Zoom 或 apper.in
召开 Web 会议。

14 市内出行
主要出行工具为公路自行车，其次是火车与出租车。我主要选择自行车，
作为比赛前的平时锻炼。

15 合同
团队成员之间主要通过电子签名签订业务委托书。同时基本上也要求客
户提供电子签名。

16 客户管理
通过智能手机扫描使用 Sansan 管理客户名片。通过 CRM（Customer
Relationship Management：客户管理系统）服务联动，提前设定
电子邮件预约发送，保证次日早晨 9 点收到答谢邮件。

17 业务活动
介绍媒体支持的演讲、书籍的出版、杂志连载、正确劳动方式改革的推
进等。之后，会有客户通过 SNS 寻求咨询服务，以及通过团队成员的
人脉而组织的活动。委托业务方面可以选择完全成功报酬制的成员负责。
此外，还有来自协同工作空间里认识的人的委托业务等。

小 结

· 变化日新月异，劳动方式改革需要顺应时代发展

· 吸纳多类型人才解决复杂课题是常用方式

· 不单纯依靠公司具备打造个人品牌的能力

利用在线助理服务　节约 20% 工作时间

　　想要快速解决不懂的问题，与其自己查阅学习，不如向有经验的人求助。比如，税务问题交给税务师，身体的问题交给医生，专业的事情交给专业人士处理。像是工作中接待客户的餐厅预约，年终调整的安排，花的摆放，Web 网站的更新等，交给有经验的人能得到更高效的处理。我们可以运用线上 app 来节约时间，因此，通过与客户的线上交流，节约会面时间。

　　例如，在日本广泛被使用的 CASTER BIZ，可以帮助员工迅速预约周围可利用的会议室，调整公司的项目日程表，制作相关调查资料。甚至还可以处理复杂的报告，比如项目管理工具制作比较等，充分为职场人提供了便捷。

优秀的线上助理
协助忙碌的你

秘书　　　人事　　　经理　　Web 网站维护　线下业务

CASTER BIZ 提供的服务范围 http://cast-er.com

同时，在我们向他人求助时，也可以利用在线助理协助制定工作指南、工作日志，实现标准化办公，找到无效投入，定期进行反馈反思，总结经验。同时，购买材料等业务也可以通过助理完成，比如：

· 餐厅预约（可以备注包间需求和餐饮内容）

· 进行同业调查（同行的经营状况）

· 人事评价制度总结（导入其他公司岗位的评价制度）

· 纸质票据电子化

· 定期订单的发放和进款清账的处理

・通过扫描将纸质设计图进行数据化处理

・与团队共享文字化的会议信息

・主页和电话相关咨询的首次应答

在线助理服务，不仅能解决线上问题，还能预约线下指定业务。我经常委托线上助理处理票据扫描问题和研讨会接待问题。这些服务的使用，为我节约了更多的自由时间。

第6章

作为管理者现在必须做出改变

周休三日制实现企业与员工双赢

在日本，有些事物继续展现着活力，而有些事物早已停滞不前。日本企业的组织架构与 30 年前相比，几乎没有什么变化，依然是总部部长、部长、课长、股长、部长负责人、科长负责人代理等，开会前，向课长汇报，部长汇报，最后由总部部长负责决策。就这样，大量时间都浪费在无效的会议上。这种超负荷状态至今依然保持原状，维持着 30 年前的传统。

1989 年，日本的手机普及率不过 0.3%，到了 2018 年却达到了 133.8%。原来 1 万个人只有 3 个人持有手机，如今每 3 个人中就有 1 人拥有 2 台手机。智能手机的普及为搜索提供了便利。

但是，随着信息量不断增加，处理信息的时间则更长。每天每个人收到的邮件量持续增长，忙个不停的工作狂也增多了。

产业革命的划分

产业革命以前	18 世纪中：第 1 次产业革命	20 世纪初：第 2 次产业革命	1970 年：第 3 次产业革命	2010 年：第 4 次产业革命
人力·自然力	蒸汽	电力		
手工制作	机器生产			
			个别样式	
				标准化
				规格化
个别样式	标准化·规格化			
				个别样式
预定生产	大量生产			
·农业社会向工业社会转变 ·劳动力等从农村向城市转移 ·资本家与企业发展和劳动者分工			品种多元化	
				客户定制化生产
				个体生产
·水力 ·马力	·蒸汽机 ·铁路	·化学产业 ·科学管理	·计算机 ·互联网	·IoT/ 大数据 ·人工智能 / 云服务
产业革命以前	第 1 次产业革命		第 2 次产业革命	数字化 公共化（美国一般视为第 3 次产业革命）

第 4 次产业革命正在兴起。企业与员工该如何面对高科技的发展

产业革命后，技术进步反而让劳动者更加疲惫，许多人

抱有这样的疑问："为什么科技已经如此发达，生活却并没感觉更轻松呢？"

1989 年的日本正处于经济高速增长时期，当时在世界股票市场总价值排行榜中，全球排名前 20 名中有 14 家日本企业入围，表现出惊人竞争力，完全可以算得上是全球经济发展的领军者。然而，如今前 20 名中早已不见日本企业的踪迹，而丰田汽车公司好不容易挤入排行榜，却只排在第 35 名。

虽然日本的企业国际竞争力在下降，但是企业盈利模式却并未改变。松下电器的创始人松下幸之助最早在日本开始施行双休制已经是 54 年前的事了。随着少子高龄化趋势不断持续，日本的劳动人口在 1995 年到达最高值，随后就逐渐减少。进入令和时代后，日本的商业模式、劳动模式依然维持原状。企业"通过增加劳动时间获取利益的商业盈利模式"已持续了 30 多年，如果再不及时进行改革，将会导致日本经济进一步倒退。

随着社会问题的加剧，劳动改革势在必行。预计到 2040 年，日本的劳动人口将比 2017 年减少近 20%。60 岁以上的从业人数（1319万）会比2017年预计减少近10万人。3926万25—59岁之间的劳动人口预计将减少25%，相当于每4个工作中的人就有1个超过60岁。

人口的动态变化，直接影响企业的雇佣形式。2019年2月，日本有效求职人数倍率达到1974年以来的最高水平。东京都内的有效求职人数倍率达到2.13倍，这一比率保持近35个月，是自1963年以来持续时间最长的一次。人手不足的情况日趋严重，公司只能安排现有员工去开展工作。

日本厚生劳动省公布了2018年1月开始，到2040年期间的就业人口预估报告。日本经济实质上是零增长，在女性和老年人的就业率无法增长的情况下，推算出2040年劳动人口将比2017年减少20%（1285万人），预计只有5245万人。

从商业类型来看，只有医疗、保障等产业的劳动人口会增加，其他产业都会下降。至于制造行业，劳动人口将减少近两成。经济发展以及就业率停滞不前，2025年生产人口预计变成6082万人，比2017年减少7%。各产业劳动力不足，待遇却难以提高，企业发展壮大却又招不到人，这类"劳动力与雇佣形式不匹配"的问题，也需要及时解决。

想要实现经济持续发展，对商业盈利模式、劳动方式进行改革，关系到企业的生死存亡。

劳动方式改革进入第二阶段

2016 年 8 月的"1 亿总活跃"目标，即"全日本 1 亿人积极参与劳动"的目标，可以说是日本劳动方式改革的起点。最初任务就是增加劳动者，而不是减少劳动者。例如，需要养育孩子却在传统组织架构下无法参与工作的员工。为解决这一问题，通过制度改革或者 IT 等手段，出现了弹性工作制这一对策。

最初阶段，在劳动者人数维持不变的情况下，工作量的确减少了。

女性劳动者增长到了 2617 万人，就业率超过 70%；60 岁以上的高龄人员劳动参与率提高到 20%，达到历年最高值。

这一政策对女性就业率起到了推动作用。目前，日本女性的就业率达到 70%，超过了美国的 69%。

然而，遗憾的是，目前就业率的增长似乎已经达到极限。在劳动力人口及劳动者未增加的前提下，改革的方向要转变，需要提高员工的效率和业绩，以解决由于低报酬所导致的雇佣方式不匹配的问题。这正是政府以及诸多大型企业所推进的第二阶段——劳动效率的提高。这不是针对特定人群的改革方案，而是面向全体劳动者。

劳动效率的提高，就是提高每个员工的劳动成果。因此，企业需要创建可以充分激发员工活力的组织结构。如果没有更优的新方案，即使劳动量减少，企业也无法提高利润。因此，企业必须建立新的伙伴关系，提供新的服务，开创新的商业模式。

同时，如果员工没有掌握未来时代发展所需技能，自然无法创造新商机。人才培养不仅是取得技术、技能的资格证书，更多的是需要培养有号召力、领导力、交流沟通能力等为人处世的能力。

然而，目前来看，日本企业在人才培养方面的投资，依然极为有限。日本企业自 2000 年后开始压缩人才培养方面的支出，此后，劳动生产效率的增长基本上就在发达国家中垫底。2016 年，日本企业员工培养费用投入极其有限，仅占 GDP 的 0.2%，而美国则占比为 1/6，德国则为 1/8。要培养员工应对未来变化的能力，企业必须加大人才培养力度，领导者必须以身作则。

　　面向未来，企业必须匀出时间，加强在探索新商机和人才培养方面的投入。因此，首先必须提高效率，放弃低效劳动投入。提高效率本身不是目的，应着眼于通过创造时间这一手段确保探索创新和人才培养。

取消加班并非终极目标

　　相比政府和企业提倡取消加班，现场工作人员可能会有不同的看法。加班费的减少造成收入的减少，如果工作没有完成就下班回家，就很难做出预期的业绩，也出不了成果。大企业的员工大多服从性高，虽说形式上取消了加班，但下班后的"隐形加班"反而不断蔓延。

不止步于提高效率，还需思考时间再配置

劳动时间投入 →

| 实施前 | 定型业务 | a 清单 | 非定型业务 |

b 压缩

| 实施后 | 定型业务 | 核心业务 | 时间创造 |

↓

创造出的时间
提高应变能力

- 新业务开发　　回报员工
- 新技能学习　　新附加值

提高时间效率后，思考时间优化配置

　　员工只有在做出成绩，获得认可的时候，才能最大化实现自己的劳动价值。这需要员工在自己擅长的领域充分发挥才能。要实现这一目标：公司应该：①培养能发挥的工作能力，②给予员工发挥这种能力的机会。多项技能，意味着多种选

择，有助于应对变化，能充分展示自己的能力。提高时间效率的目的是，通过确保 ① 的时间投入，完成 ② 的任务。

设定明确的改革目标

改革并不是目的，企业发展与员工满意度才是终极目标。企业发展与员工满意，实现两者和谐并存才是改革的目的。实现目标需要劳动方式改革，那么我们就进行改革，这才是真正意义上的"劳动方式改革"。

尽管如此，有些人会误以为劳动方式改革本身是终极目标，将改革视为最终目的。如此一来，虽然引进了各种办公制度，但是员工使用率却不足 20%。改革之所以失败，是将手段视为目的所产生的定位错误。

如果不明确怎样才算改革成功是无法取得成功的。光想着在家附近散着步，就能抵达富士山顶，这种想法未免低估了任务难度，完全无法实现。只有明确目标，第一线的员工才会意识到任务的难度和重要性。就像爬山时，只是抱着"暂且试试看"的想法，却不设定明确目标，很难调动员工积极性。领导者的职责之一就是用愿景来激励员工：我们一起爬山，我们的目标是登上山顶，在山顶能看到更好的风景。

搜集多元真实的调查数据

2019 年 1 月，日本厚生劳动省发现了劳动统计数据窜改的问题，并对 22 名涉案人员进行了处理。数据造假导致在此数据基础上估算的失业保险以及工伤保险等支出过低，影响人群约达 2015 万。

同时，不同类型调查由于出于不同目的，有意识伪造数据的情况并不少见。例如总务省和经济产业省，2018 年的一项"企业远程办公现状调查"，报告显示：共有 1682 个团体，共计 30 万人参与调查，与上一年相比，参加团体增加了 1.8 倍，参加人数增加 4.8 倍。活动开幕式有小池百合子都知事和经济产业省等各界人士参与，相关报道描述了活动盛况。参加者不仅有组织机构领导者，还有国家相关责任部门，很多人认为这是一次盛况空前的活动，然而这种认知，其实只是源于领袖光环的一种心理偏差。

或许，很多人会认为大多企业是赞同并认真对待这一调查，数据可靠。事实上，东京都企业数量超过 163 万家，参加远程办公现状调查的企业却只有区区 860 家，参加调查的企业数量仅占企业总数的 0.05%。虽然制定判断调查成功的标准很难，但有意识引导调查导向预期方向，并利用调查结果，或为了实施某计划，有意识抽取部分有利信息，进行这样操作的调查，其实并不是个例。

这种情况，在改革取得成功的企业中也是存在的。尤其很多 IT 产业，为推广宣传公司服务，通过引用外部调查数据或者本公司单独调查的结果等，宣传自己公司服务提供的价值。当然，劳动方式改革作为新事物，必然也存在其不利的方面。但是，如果积极作用远超不利因素，就应该贯彻执行下去。但是，如果被有特定目的且有局限性的信息所操控，我们就很难做出正确决定。

如果企业需要引用调查数据，就要搜集尽可能多不同类型的信息源。如果要参考各公司改革的具体情况，就不要只关注其成功光鲜的一面，而应从失败中获取教训，参考其中有价值的经验，效果会更好。毕竟，能一帆风顺取得成功的企业实属个例，经历失败才获得的成功方法更可靠，更有效。

例如，RPA（Robotics Process Automation）系统因能有效解决人手不足问题而备受瞩目。在使用 RPA 系统的公司中，一家取得成功的媒体公司公开了他们的成果：缩减工作时间30 万小时，削减成本 100 亿日元。

然而，如果企业本身并非定型化业务，导入 RPA 也只能应用于有限领域，在保留所有既有业务情况下，引入自动机器人，机器人需求就会大大超过预期，管理本身则会导致劳动时间的增加。

的确，引进 IT 有助于提升企业品牌形象，而作为主管部门的成果可以成为宣传亮点。然而，另一方面，大多数企业对于自己的失败经历都选择不公开，因此，我们需要搜集多种不同案例，防止被带有偏向性的信息所误导。

求助专业有经验的咨询团队

我发现，许多为企业提升效率的咨询服务公司本身却经常工作到深夜。如果咨询服务公司本身都无法做到高效工作，很难承认他们具备提供咨询的资格。

你会请一个不会打棒球的人教你怎么接投球吗？即便对方掌握了很多理论知识，但没有亲身实践，是不可能创造成果的。因此，我建议向高效人士请教，向那些正在进行亲历实践的人请教。当我需要建议时，我也不会向没有现场实践经验的人寻求帮助。

在我就职于微软公司期间，有接近 60 万人通过参加商务旅行前来公司考察。他们都是为了感受微软公司的员工工作是否充满活力，感受微软公司的组织架构特征。

在离开微软后，从 2017 年开始的 2 年间，我对 826 名决策者（决定预算的人）进行了咨询调查。约有 56% 的决策者表示，自己在做决定时受到个人情感因素的影响；只有 18% 的人表示，只有在看到数字或数据的基础上才能做出合理判断。我们的客户企业选择像我们这样的小公司而不是大型咨询公司，大概就是看到了我们公司的优势：现场工作的丰富经验，工作中的实践，员工们精神饱满的工作状态。我们追求实事求是，而不是宣扬理想。

转变思维任重道远

企业经营者往往都有很强的危机感。然而，现场员工的意识并不会轻易发生变化。等他们转变思维，估计要等上 5 年或者 10 年。如果企业需要在等待上花这么长时间，就永远跟不上时代变化。

当然，领导者转变思维是必要的，"自上而下"的动员也是必要的。只是要加快改变意识和行动，首先要有行动的改变。然后，在行动中反思，让别人意识到行动的改变会产生积极结果，随之就是思维的改变。

这就是我在16名万客户中进行改革实验得到的答案。

赫兹伯格的"激励－保健双因素理论"

美国临床心理学者弗雷德里克·赫兹伯格，对行为动机的性质和激励的方法进行了研究。通过研究结果分析，他提出："员工对工作满意和不满意的主要原因截然不同"。即便消除了员工对工作的不满（保健因素），也未必能提升满意度或产生激励作用。

这里的"保健因素"，一旦遭到破坏，就会激发防卫本能，成为抵触的源头。企业经营者只顾着开会，根本不了解真正的市场和客户，员工们就会产生抵触情绪，这种情况极为常见。但是消除这种不满因素，对于提升员工的幸福感并没有什么作用。换言之，作为企业经营者，不仅要采取对策消除员工对工作的不满，还应想方设法创造让员工感到舒适满意的工作环境。毕竟，消除了不满因素并不会发挥激励作用，并不能提高工作效率。

小　结

· 明确定义手段和目的

· 不止步于提高效率，将节约出的时间用于投资未来

· 让人意识到行动的改变在先，思维转变在后

第7章

88％改革失败的企业

每次交流会上，我都会问对方是否在劳动方式改革上取得了成功。只有 12% 的企业回答取得了成功，88% 的企业改革失败。但实际上，并没有任何一家媒体报道了失败的现实。

　　为了研究根本原因，我决定关注于失败的原因分析。失败本身不是坏事，获取成功的路上，失败的经历是必不可少的。

> 失败，是一种艺术，一次冒险。因为有坚强的信念，所以才会发现新的事物。任何的发明，都是承受着风险的同时，在努力不断尝试中创造的。因此，必须要有承担风险的勇气。——詹姆斯·卡梅隆（加拿大电影导演）

劳动方式改革并非一蹴而就
88% 的企业遭遇失败

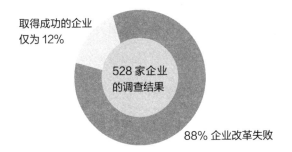

取得成功的企业
仅为 12%

528 家企业
的调查结果

88% 企业改革失败

工作舒适度与工作满意度的差异

前文提到的赫兹伯格的"激励－保健双因素理论"认为：作为保健因素的工作舒适度，与员工对于工作的满意度之间没有必然联系。工作舒适度并不能直接提高满意度。工作舒适度，只是避免员工不满，工作环境舒适了，员工的不满情绪减少了，但员工并不会因环境舒适就对工作本身感到满意。当然，工作环境不舒适却必然导致工作满意度降低。赫兹伯格将这种因素称之为"不满因素"或"保健因素"。外部环境的改善，会让工作的舒适度提高，员工会某种程度上感到满意，但是，这种满意，并不能成为激励员工提高工作积极性的直接动力。

近年来，越来越多的企业开始加大在办公设施和员工福利方面的投入。午餐免费了，会议室椅子高档了，办公室玄关变整洁了等等，各种方法不一而足。然而，现实情况却是另一番景象：无论是毕业新人的定期招聘，还是有能力人才的不定期招聘，都变得越发困难。企业面临人才不足的窘境，因此不得不开始想办法，如何激发现有员工的活力，如何降低员工的离职率。

失败案例与成功案例

失败的企业	成功的企业
福利保障大幅度提高 离职率没有变化	满意工作的员工占 40% 以上 企业业绩提高，员工离职率降低
65% 的企业 未能实现与经营管理计划的联动	公司做决策时，充分听取工作现场 员工的意见

失败案例与成功案例比较 。应该重点关注工作满意度

　　企业首先需要保证工作环境舒适，从而让"想工作却无法工作的人"参与工作。然而，只保证工作环境舒适并不能促进公司发展。根据美国盖勒普公司在 2018 年 1 月到 6 月针对 33 万员工进行的调查结果显示：公司如果只提供福利保健或其他优惠服务，并不能提高员工的工作积极性。同样，我每个月都会遇到客户咨询这样的问题："为什么公司福利保健方面和人事制度都改进了，但是员工离职率依然没有下降？"

　　工作舒适度与劳动价值，具有完全不同的意义和效果。在生产部门，对工作满意的员工的工作成果可能比对工作不

满意的员工的成果高出 25%。而在营业部门，差距可以达到 1.6 倍。当对工作满意度高的员工占到全体员工的 60% 以上时，公司的离职率就会大幅度降低，收益造假的概率也能降低 52%。因此，改革的重点在于提升员工对工作的满意度。

单纯减少劳动时间导致业绩与积极性降低

我们在对 516 家客户公司进行调查后，得到以下数据：有 33% 的企业，平均每周至少有 1 次以上是在固定时间（晚上 7 点或 8 点）安排写字楼统一熄灯，强制下班。然而只有 17% 的企业认为这一举动对转变员工的意识有助力。这 17% 的企业中，78% 的企业是至少持续实施 6 个月。并且，实施持续 2 年以上的企业，取得预期效果的仅有 8%。由此可见，这种做法并不具备可持续性。

加班的根本原因没有解决，很难按时下班。在保证完成企业每年业绩目标的情况下，还要减少劳动时间，唯一能做的，就是改变旧有的劳动方式。统一熄灯，强制下班，这种方式的确可以促使人早点下班回家。然而，现实是矛盾的，这样反而会降低员工的额外积极性。

拥挤在咖啡厅里　频繁出现资料遗漏

我公司员工在东京、大阪的主要写字楼附近进行了观察。晚上 7 点以后，咖啡厅里使用笔记本电脑工作的人一下子就多了起来，基本上都是随身带着大量文件资料的员工们在拥挤的空间里继续办公。其中，我还碰到两次有人随身资料没有拿就离开了（我们公司职员帮忙送交给了当事人）。从周边咖啡厅开始变得拥挤的时间段判断，应该和附近写字楼定时熄灯有关。企业要求员工尽快完成工作，却又不采取针对性措施，只是简单粗暴地强制下班。结果，那些事情没做完的人，就只能离开办公室，拥挤到附近咖啡厅里继续工作。这种浮于表面的措施，无助于解决根本问题。

科学管理员工　信任员工

日本传统管理模式，就是报告、联络、相互沟通。管理层要求员工一切按照指令执行，如果效果不错，管理层自然会对这种指令式管理模式产生盲目自信，一旦业绩不佳，就继续加强管理，强制要求员工每天做报告、开会、问责。如此一来，员工就这样不断被上司问责，逐渐丧失自信，同时又敢怒不敢言，就会隐藏工作中的一些负面的信息，逐渐丧失工作积极性，工作中一切都等待上级安排，这样被动工作的员工就会不断增多。此时，管理者反而会进一步强化管理，而部下则再退一步进入防守状态，如此循环往复，整个企业的工作陷入负面螺旋状态。

企业通过加强管理提升业绩的方式曾经有效。然而那个时代，即便是坐在办公室里构思出的广告，只要一经播放，产品就会脱销。如今的消费时代，顾客更强调体验式消费。客户需求比较多元化，比较复杂，难以简单区分。这个时代要求我们必须做到"花心思推销产品"，发挥创造力，开发出全新产品，构思全新营销方式，提供全新供给方式。

因此，在我们的工作中，必须同步提高"思维的质量"和"行动的质量"。我们要了解客户的好恶，并不断对过去的工作进行反思，避免犯同样的错误，在以往经验的基础上构思出新的方案，只有"上下级齐心协力"才能办到。管理人员更应该相应地减少工作报告以及会议报告等间接成本，与部下并肩作战，共同探索，协调行动，以适应眼前的时代。

引进最先进的 AI　加班时间却未减少

无论 AI 还是 IT，都只是手段，并非解决问题的万能魔法。其中，AI 机器人的机器人流程自动化（Robotics Process Automation）备受瞩目，很多企业想要以此来优化工作流程。当然，高科技不是万能的，引进高科技手段，必须首先分析出其最适用的领域，否则无助于提高效率。

通过对 68 家企业进行调查，我们了解到：有半数以上的企业将引进 RPA 本身视为目的。然而这 68 家公司中，只有 5 家公司表示"引进 RPA 后，明显提高效率"。虽然传媒在大肆介绍企业引进 RPA 成功提高效率的案例，但是，事实上，取得成功者仅占极少数。大多数企业目前面临的问题是，虽然引进了技术，却未能取得预期效果。

引进 RPA 之后，最突出的问题是滥用机器人。因为维护使用的规则不明确，各个部门都存在自由随意使用的未统一管理的机器人。这些机器人，很容易出现无人管理的状态。面对机器人泛滥的问题，有企业需要配置专业人员，监管这些无人负责的机器人。原本出于减少工作量的目的引进 AI，结果还因为 AI，反而增加工作人员投入。

出现这样的问题，主要因为以下 3 点：

1. 目的、目标、责任范围不明确

2. 当前工作直接套用 IT 处理

3. 关注于适用范围以外的业务

以散步的心态前进，无法到达富士山顶。同样，如果不明确告知员工引进 RPA 的目的，就很难得到员工认可和接纳。同时，要将具体指标设定为可行范围内的数值，进行定量要求。正如员工需要遵守公司工作守则，使用 RPA，也需要遵守使用规则。什么情况适合机器人流程作业，什么业务不适用，交给谁来负责，都应明文规定。

通过对 28 家公司的调查，我们了解到：这些工作人员中，大约有 18% 的业务主要依靠个人判断。缺乏体系标准为技术的引进增加了阻碍，至少将工作流程作可视化处理，即便是简易的工作流程指南，也更方便其他人开展工作。这是在引进技术前必须处理的问题。

尽管如此，如果我们想要将非标准化的业务交给 IT，就需将这个产品尽可能地标准化。当然功能的追加会导致价格上涨，但是，机器的无序滥用又会导致故障，无法保障机器性能充分发挥，而且机器的维护和保养也会变得越加困难。引进科技手段，成功提高效率的 8% 的企业，就是将业务配合对照 IT 功能，制定出了标准化流程。尽可能做到按照客户要求提供定制服务，不是只考虑操作方便，而是想办法让客户习惯。

第一步，需要列出各部门业务清单，分析哪些工作适合引进 AI，哪些不适合。同时，有必要将相关人员聚集在一起进行模拟操作。通过模拟确定哪些业务应该被取消，哪些可以继续，在明确使用业务范围后，再引进 AI 或者 RPA，才能顺利提高效率。

从成功与失败的例子中学到的经验，我们总结出引进 RPA 创造成果的方法主要包含以下 5 个步骤。需要注意的是，第 5 步并不是终点，还需要我们通过定期反思来修正规则。在参加实验的 4 家公司中，有 3 家已经成功减少了 12% 的劳动时间，实现了最初预期目标，剩下的 1 家公司也获得了进展。企业管理层也应以这种角度重新审视业务内容，与信息系统部门通力协作，实现科学的办公自动化。

第 1 步　整理业务流程

·要求实际承担业务的负责人将业务内容和流程记录在模造纸上，为业务的解决提供参考。

·充分理解来自其他负责人的提问和回答。

第 2 步　确定可取消的工作

·通过部门代表的确认找到重复工作。

·对各个部门提出的低效率工作进行取消与否的利弊分析。

·各部门负责人至少要提出一个以上需要取消的工作。

第 3 步　选出定型业务

·选择不需要人为判断即可进行的业务。

·选择可以制作工作流程指南的业务。

第 4 步　业务标准化

·将第 3 步当中抽取出的业务，配合 IT 工具进行再设计。

·检查整体工作流程是否存在时间浪费。

第 5 步　定型业务交给 AI 完成

·确定 RPA 机器人的业务范围（例如：数据的转录，信息搜集，邮件关键词抽取等）。

·确定积累数据的存储规则（例如：必须云存储，可与其他部门共享等）。

·由专人负责机器人的开发、运用、支持规则等。

管理者不能将 RPA 单纯视为技术手段，而应视为劳动者。人口持续下降造成的工作现场人手不足问题，可以通过 AI 来填补。科学有序地管理 AI，是从公司的发展战略来思考配置的问题。

IT 不会改变劳动方式，而是辅助劳动方式改革的手段。创造人类未来的并不是科技本身，科技是现场工作人员在创造未来的过程中必要的工具。

成功实现办公自动化的步骤

第 1 步　整理业务流程
第 2 步　确定可取消的工作
第 3 步　选出定型业务
第 4 步　业务标准化
第 5 步　定型业务交给 AI 完成

改革失败的三大因素

许多企业都存在问题运营管理和工作现场脱钩的问题。我认为问题的产生主要由于以下三大因素。

1. 成功的定义不明确

许多企业对于劳动方式改革以及效率提高的定义十分模糊。为什么开始，为什么尝试，一旦进展不顺利，听到有人提的意见，就会受到影响，甚至最后莫名放弃。劳动方式改革的任务，就像攀登到山顶一样，十分艰巨。如果缺少一定的心理准备，即使腿脚再好也无法实现目标。

我们需要设置定量的目标达成时间期限。此外，提高工作效率并不是人事部的劳务管理政策，而是关系企业的经营管理战略的问题。只有两者结合，实现联动才能成功。如果无法实现联动，在短时间内放弃的可能性就会上升到3倍以上。

2. 目的和手段张冠李戴

劳动方式改革只是一种手段，但是经常会有人混淆手段和目标。就像我们去参加培训班，本来是为了通过考试，但很多人却把参加培训当成了任务本身，人到了却坐在教室椅子上安心睡觉。不论你有多么优秀的战术性手段，如果失去战略性目标的话，则永远无法实现预期。每家企业都要明确，企业引进 IT 和人事制度改革等也只是手段而已。

很多企业之所以改革失败，就是因为目的和手段张冠李戴。前文提到的 RPA 的例子说明工具如果得不到运用就没有意义。而弹性的办公制度和休假制度，也会因为管理层的不满而搁置。事实上，参与试验的 280 家企业中，81% 的企业虽然引进了先进的技术却未能让技术发挥作用，65% 的企业员工表示不敢轻易休假。而明确改革的目标企业中，有 78% 的企业取得了成效，成功率要比目标不明确的企业高出约 3.7 倍。

3. 妄想找到成功的速成魔法

部分企业管理者认为，模仿成功案例能让自己的企业也走向成功，这其实是一种误解。引进了价格昂贵的 IT 工具，并不能确保解决大部分问题。出高价向知名咨询公司寻求答案，从此就能高枕无忧，也实在是一种幻想。企业需要培养自己的主人公意识，否则无法成功。咨询服务就像健身教练，只能引导协助企业进行身体改造，并没有短时间内打造企业的肌肉的速成魔法。如果企业不加强自身锻炼，是无法长出肌肉的。无论是企业还是员工，都应深刻意识到这一点。

小　结

88% 企业改革失败的三大原因

· 成功的定义不明确

· 目的与手段张冠李戴

· 妄想找到成功的速成魔法

你所在的公司是否有以上现象?

性恶论还是性善论
沟通传统模式改为聊天讨论

通过对部分公司进行周报情况调查，我们发现很多公司将员工提交周报的行为本身作为一项目的。甚至给出这样的解释：不让员工提交周报，员工工作就不认真。一般来说，"性恶论"方案下的劳动改革势必导致成本增加。比如，员工在家办公时，不得不花工夫应付报告和开会的时间。然而，这种领导对员工的防备并不能提升工作效率。匿名问卷调查显示：在家办公偷懒的人，在办公室照样偷懒。他们会在办公室里看视频或者打电脑游戏。

想要打破这种局面，企业需要明确定义职责范围，改变评估制度。严苛的管理并不会让偷懒的人变得勤奋，反而会让优秀的人丧失工作积极性。想要获取重要的信息，建议采取对话交流的方式。员工，可以尝试建立轻松交谈的关系。抛弃原有的报告式沟通的传统模式，选择用聊天讨论的新模式，有利于建立增加信息量的结构。

第8章

12% 的成功企业

成功企业做对的 5 件事

本章主要向各位介绍取得成功的企业的经验。通过实验，我们意外发现，成功经验大多归功于简单易行的方法。

同步改善工作的质与量

参与实验的企业普遍可以归为两类：一种致力于改变工作量，另一种则是同步着手质与量两方面。对比最终结果可知：同步改善工作的质与量的模式更易成功。单一改变工作量的企业，只有 22% 取得预期成效。更关注于质的改革而取得成功的企业则达到了 62% 左右。显然，重点改进工作的质是决定成功的前提。

聚焦于积极因素而非负面影响

任何一项新任务的开始，必然伴随负面因素。远程办公、

AI 也都有各自的不足。正视负面因素的存在，才能更好适应时代变化。

管理者在充分认识到改革可能产生的不利影响下，更多关注于可能带来的积极因素，大胆推行改革。可以尝试咨询各方意见，请他们提出有建设性的意见和方案，而不是让大家纠结在保守意见中发牢骚。

需要注意的是，我们应该在讨论的时候重点关注积极讨论，避免消极的对话。如果对方提问方案是否可行，回答时要注意积极肯定："不错，估计会有反对意见，不过，还是可以先试试看。"积极的态度才能让讨论不断深入，像这样不断让讨论更加深入。如果改革带来的有利因素很多，实施改革必然同样会带来负面影响，但我们依然应果断作为，立刻行动。在巨变的环境中，无作为才是最高风险。

管理层重视员工这一经营管理资源

对工作满意的员工，为提高公司业绩实现成就后，会有很强的幸福感。这对员工和企业来讲都是双赢的局面。但这要求公司要把员工安排在能充分发挥他能力的岗位上。优秀员工的调动，可能会给工作开展造成困难，但只有把合适的人安排在合适的岗位上，才能最大限度地利用资源。在此，我推荐在公司内部实行岗位轮换制。

取得成功的企业，8% 以上的员工都曾经有在公司内部进行岗位调动的尝试。实行公司内部岗位轮换制，有助于消除员工个人意愿与能力不匹配产生的矛盾。

劳动方式改革是经营战略的重要一环

改变劳动方式，并不是单纯的人事制度，而是一种经营战略。因此，必须重视公司的经营规划，战略中必须明确的对象，公司需要明文公布改革的原因，缺一不可，否则很难获取员工认同。

90% 的成功企业都制订了中期经营管理计划。而失败的企业中，仅有 35% 制订了中期计划。计划能帮助公司最大限度地发挥人才、资金等资源优势的作用。想要提高工作效率，必须保证有限的时间被充分有效地利用。

明白改革是走向成功的必要过程

企业不能过于苛责失败。与失败相比，不能从失败中汲取经验，才是不可原谅的问题。没有任何的成功是不经过失败铺垫的。同样，一个人也不可能一直遭遇失败。从失败中得到经验，并在接下来的工作中灵活运用这份经验，想办法提高成功的概率，才是取得成功的必要条件。

企业想要不断进步，一步一步接近成功，就要打造允许失败的工作环境。

小　结

- 同步提高工作的质与量

- 聚焦于积极因素而非负面影响

- 管理层重视员工这一经营管理资源

- 劳动方式改革是经营战略的重要一环

- 明白改革是走向成功的必要过程

管理层必须引领改革

董事会采用"1 页 A3 纸"报告

在我们对 528 家企业的调查中发现,超过 200 家企业,都在公司董事会上花费了大量的时间:通常耗时 1 小时的董事会,却要花费 70 到 80 小时的时间来准备。参会人数越多,所需准备时间越长。

在资料准备的过程中,需要反复逐级征询上级意见。每一层请示确认都会造成新的时间消耗,于是文件被反复调整,造成了更多的时间浪费。

丰田汽车公司及我曾就职的微软公司采用的"1 页 A3 纸"大小的文件整理法,有效缩减了时间的冗耗。1 页 A3 纸大小的报告,就是遵循"1 个讨论主题 1 页幻灯片"的原则,所有议题内容都集中在这一页幻灯片。会议讨论内容可以清晰投屏，通过无纸化办公讨论。

紧密的排版可以辅助集中注意力，降低因翻阅资料分散精力的可能。标有序号的报告，条理清晰，节省查找时间。

固定统一的格式，可以减少员工在资料制作方面的负担，方便员工向领导请示，在制作资料上消耗的时间也大幅减少。在推行使用"1 页 A3 纸"大小文件报告后，16 家公司用于准备董事会的时间减低了 18%。

同时，模式化的资料同样有利于参会者快速决策。阅读先前复杂的资料消耗了参会者的精力，导致参会者迟迟无法得出结论。而模式化的报告方案，能让参会者清楚了解要讨论的信息，因此会议讨论时间增加约 20%，原本推后再议的议题则减少了 25%。

少了来回修改文件造成的时间损耗，使工作时间的"量"被减少了，创造出了更多成果，实现了工作上"质"的提升，这正是成功的典型案例。

作为管理者应采取的提高效率的方法

管理者

从员工角度而言，上级领导的言行有很高影响力。因此，企业管理者要避免多余的话打击员工积极性。在传统自上而下的管理模式中，大家更强调"传递"。如今则是"传达"更为重要。发号施令就能激励员工的时代，已经一去不复返。只有员工自发反思，自发采取行动，自下而上地配合领导，才能实现共同目标。

管理者不妨取消那些无法得出实质决策的会议。同时，在会议进程中，管理者就要负责营造出鼓励大家提出建设性意见的氛围，避免会议沦为牢骚大会。

根据 528 家公司的调查结果显示，约有 1/3 的管理层会议选择在周一早晨召开。这往往要求员工在周末就做好准备，很容易影响员工的积极性。那些成功的企业，通常都在 PDCA 规则中，尽量减少在计划上的时间投入，迅速采取行动。并在行动后，在大规模案例回顾和反思的基础上讨论并做决策。

因此，为了让决策连贯，建议安排为一周中的中间段，例如在周三或周四早晨开会。

此外，无纸化办公更方便员工进行讨论，有利于相互交换建设性的意见。平板电脑的放大功能尤其方便查看。办公无纸化之后可以减少工作现场的准备时间，有助提高效率。

同时，管理者不妨增加与工作现场员工们的接触，经常去员工办公室转一转，有助于提升员工士气。尤其是午饭时间。定期到员工食堂或者开放空间露露脸，与员工们打打招呼聊聊天，能激发员工们的认同需求。

如今很多员工经常在客户方办公室办公，日积月累，同一个公司内部上下级关系越加疏远，员工的工作满意度不断下降。后来，公司会长和社长就每个月2次到工作现场视察，和员工们一起吃饭。与晚上的酒席相比，午餐时间更加轻松自在，而且1小时就结束了，更方便领导层简短地向员工传达公司未来发展方向，听取现场员工的直接反应。同时，面对面交流还能满足员工的安全需求（工作的安全感）。对这种午餐见面交流的形式，有90%的参加者表示满意。午餐结束后，超过 70% 的员工得到鼓舞，工作积极性提高。以上，就是管理者主动做出改变取得成功的实例。

董事

董事的主要职能就是判断现场正在推进的项目是否应该继续进行。董事会不是听取现场的情况汇报，而是负责决策的机构。任何新方案必然伴随着不利的一面。如果有利因素超过不利因素，就应选择继续推进。不去否定现场意见，而是听取现场意见，然后提供建议。面对意见，不要直接否定对方，相比直接指出"不对，你错了"，不妨先肯定对方："说的有道理。那么下一步呢？"由此来引导谈话。

如果对建议一律持否定态度，就无法创造任何成果。想要达成成果，至少在提出反对意见的同时，提出其他方案。如果只是单纯对部下提出的意见进行"好 / 坏"的判断，就不需要董事这个职位存在了。毕竟，董事不是评论家。

部长　课长

如果对手下的工作总是抱着挑剔的眼光，部下的思维与工作也就会更趋于保守，最后导致没有成果。为激励员工，提高工作积极性，领导要注意增加与手下相互沟通的机会，寻找共同语言，建立良好的上下级关系。当创造出可以轻松自由交谈的机会和氛围，员工就更容易保持较高的工作热情。

建议采用单独一对一（1on1）方式与员工交流。也许有人觉得太忙自己没时间单独谈话，但一对一交流会带来许多好处。

· 对评价的接受程度上升

· 减少员工突然离职的情况

· 减少员工精神方面疾病

· 减少员工隐瞒工作的情况

· 增加培养部下的机会

· 及时获取部下的反馈

在我们公司进行的内部观察中，沟通频率高的团队与无沟通的团队相比，更能在短时间内创造更好业绩。当这种一对一单独谈话常规化，很多上级的工作满意度甚至超过了手下的员工。

激励我前行的 10 句名言

1. 明确的目标有利于实现目标

这是我曾经极为敬重的一位上司说的话。他告诉我：创业本身并不是目标。必须明确自己想要通过创业怎样改变这个社会，一切行动都必须围绕着目标执行。换言之，目标如果不明确，那么目标基本无法实现。他的话让我明白，做一件事，就像登山一样，若没有制定具体攀登富士山顶这样的目标，而是以散步的心态登山，那么将是永远不可能到达山顶的。也就是说：要取得成功，首先就要明确制定的目标和手段，制定的目标要尽可能具体化数字化。

2. 用正确方式完成正确的事

如果在工作中持续遭遇困难挑战，员工很容易因气馁而放弃。新生事物必然伴随不足，但如果批评意见太多，就会动摇我们坚持下去的信念。当我在微软公司任职期间，工作中问题频发，也曾经心灰意冷，准备放弃。甚至有时候，我在与客户沟通时，甚至完全放弃自己的立场。当时的社长告诉我："拿出勇气，做你认为正确的事。"这句话成为我人生中重要的转折点。我们要选择性屏蔽一些反对的杂音，坚持自己的信念，坚持做正确的事，只有这样才能获取身心的安全感。上级对我说的这一番话，让我有了继续进行新挑战的勇气，也理所当然地意识到我们的工作其实都是源于客户们的支持。

3. 明确自己的身份

当我第二次创业时，我获得了很多支持的意见。在演讲后，还得到了与诸多经营管理前辈私下交流的机会。就是那时，一位上市公司的社长给了我珍贵的意见。大意就是：我目前从事的工作，对于不太熟悉我的人，或者说是尚未建立信任关系的人而言，他们很难理解我到底是做什么的。而且，当我进行自我介绍时，统筹管理师（Aggregator）这种概念，对大家而言也是不容易理解的。也就是说，大众很难想象这样一个知名度不高的职业到底是做什么的，能提供怎样的价值。在这次交流之后，我开始尝试站在公司角度，打造自身品牌。在那之后，我明白了，我必须通过简明的语言描述我所能提供的价值，而那些来自外界的评论，将会帮助我们吸引到更多新客户。意识到这一点后，我在今后的宣讲中经常直接列举一些为老客户成功服务的案例，随后，来自各个公司的业务咨询纷至沓来。最后，我们公司整体的单位时间的劳动价值都得到了提升。

4. 了解生命的珍贵

当我还在母亲肚子里时，我是异卵双胞胎的其中一个。而我另一位兄弟在母亲体内已经流产。而我，也是好不容易才得以平安出生。因此，幼年时期开始，我就体弱多病，还有哮喘、过敏性皮炎等疾病缠身，在成长的过程中，也遇到诸多苦难。这几年父母也都生了重病，我与哥哥一起才努力支撑起了这个家。一直以来，我对自身要求严格，工作中经常有勉强自己硬撑下去的情况。因此，我也出现过精神方面的疾病。在第二次创业的时候，我也曾干劲十足地想要进行多种挑战，意气风发准备大展拳脚，然而，却在这个时期经历了身边亲人患病、康复的过程。我重新意识到，健康幸福地活着，才是最重要的事情。之后，我决定提醒自己，日程表安排不要太满，工作中避免过度劳累。

5. 你自身的吸引力

我们公司的全体员工均以业务委托的形式工作。为了让不同类型的人才相互配合，将不同经历和不同经验的人聚集在一起，公司经常安排经营管理人员、僧侣、自由职业者、学生等不同人群共同参与各种不同的项目课题。我们通过脸书、推特等社交平台招募参加项目组的成员。一次，一位年长的男士曾这样对我说："虽然对公司发展前景以及工作内容有兴趣，但报名参加团队的主要原因是好奇努力想要实现这一目标的我本人。"在那时，我深刻体会到，组建优秀的团队，不能只是依靠调整待遇或劳动报酬，更重要的是，需要一起共事的成员发挥影响力。

6. IT 本身不会改变劳动方式

这是在悉尼时的导师对我说的话。因为我本身专业是科学技术专业，所以我经常宣传科技重要性，力推大家通过科学技术手段改变劳动方式。而且，各种媒体的报道也是如此，例如"AI 将抢走工作""通过科技手段改变劳动方式"等等之类的信息随处可见。但是，事实是科学技术和 IT 并不能改变劳动方式，而是在改变劳动方式的过程中，运用 IT 手段可以发挥作用。除了 IT 之外，至今为止已经有多项技术革新。这句话对我的启发是，重点不是只关注于科学技术的充分运用，重要的是要去敏锐地感受时代变化，并通过不断学习适应变化，才是企业生存发展的重要战略。

7. 急于求成的弱点

急于求成的公司往往要求员工有更精确的日程表。于是，坐在出租车里吃午餐，在移动的过程中编辑资料成了家常便饭，员工们为了在有限时间内最大限度完成工作，精神压力不断加大。同时，过于追求速度，工作的质量必然大受影响。

有一次偶然的机会，因为工作关系遇到原来的部下，在交流的时候他指出工作焦虑的坏处：急于求成，状态慌张，周围人不方便发表意见，难以得到工作反馈等。重视速度，匆忙加快工作进度的话，有时候会对周围的人造成不少负面影响。如果没有来自周围人的反馈，我们难以客观发现自身问题。

这让我再次认识到，急于求成，一味追求速度，只会导致更多工作失误和更多时间浪费，我们必须改变这样的工作氛围。如果感情用事，又不能控制情绪而出现失误，最终就会导致效率和效果同时低下。因此，想要控制好自律神经，我建议可以采用以下方式：早上需要进行缓慢的深呼吸，让心情保持平静，保证工作的每一天都有条不紊。

8. 从失败中汲取经验

一位来自风险投资的创业者给我这样的意见。曾在大公司工作过的我，总是习惯性地避免工作出差错。在当时的企业氛围下，没有出差错的我是在同期员工中最早获得晋升机会的。当时，我入职的是国内最大通信公司，同期有 2000 名员工入职，我是最早升职的，这和我能够避免差错息息相关。

然而，现在时代已经改变了，消费者的消费目的也在逐渐发生变化。我逐渐意识到，回避失败这种做法，本身就是一种风险。这句话告诉我，不要回避失败，为了成功需要积极面对失败，这样的挑战会引领你走向未来的成功。自此，让失败不仅仅止步于失败，而是在失败中反省，将经验教训运用到今后的工作中，成了我的工作习惯。实际上，很多人正因为只看到失败，却没通过反省取得成功，才会害怕失败。其实，失败的经历反而会让工作课题更加清晰，失败经验本身就是幸运的收获。

9. 核心思维 1%

在 1 周安排 1 天专门用于休息和自我提高。我对自己的要求是，每周安排必须至少看 7 本书。在这 5 年阅读经历中，我印象最深的一本书是《核心思维》。书中提到：如果能看到所有事情中作为核心本质的1%，必然能创造更大成就。认清了这核心的1%，放弃其他非核心的部分，将所有精力投入这1%之中，才能实现成果最大化。当你在做一件事时，如果带来的有利因素远大于不利因素，就应该选择继续坚持，否则就应该勇敢地选择放弃。而事实上，主要就是这两点在影响工作积极性：核心的影响力及其实现的可能性。

10.乐观对待人生

搞笑艺人这个工作，是我最尊重的职业之一。因为他们无论自己处于何种情境，都能让人开心。他们掌握着普通人完全无法学到的沟通交流的技巧，运用起来更是炉火纯青，总能毫无意外地让人变得心情愉悦。此外，一些脱口秀节目，尤其是那些反应极快的捧哏逗哏，也很值得我们学习思考。我曾从搞笑艺人明石家秋刀鱼那里学到不少东西。欢笑之外，我深受这位艺人的人生态度与信念的影响。我曾多次遇到就职的公司破产、被收购，失业，由此患上精神疾病，多次遭遇人生的困境。每次都是多亏了搞笑艺人所制造的欢乐，我才得以摆脱悲观得到拯救。我特地去查阅了一下艺人的资料，结果发现，他本人也曾有过非常痛苦的经历。在一次采访中，明石家秋刀鱼曾说：要乐观看待人生。这句话使我深受感动，我的眼泪忍不住流下来。我明白，人生必然要经过很多磨难，但是如果可以永远积极向前，享受不断克服困难的过程，未来无论遇到什么事，都能创造出积极乐观的人生。我希望，未来我有能力做到这句话，也能对我公司员工及学员说出同样的话。

结　语

致助力本书出版的各位：

如何才能让读者对劳动改革、提升效率产生共鸣，是我一直以来思考的问题。经过多次讨论，我们决定将读者人群主要锁定在工作现场的各位商务人士以及兼顾工作现场的领导者。书中后半部分总结了对管理者的建议。我认为要实现改革，需要首先获得管理者的理解，并且由管理者引领这场改革。本书自筹划阶段起，就得到日本经济新闻集团的坂卷正伸先生的大力支持，在此我向他表示衷心感谢！非常感谢日本经济新闻集团出版市场部的小谷佳央先生与今井匡先生，向我传授了许多具体操作方法及建议！

此外，我向校正书稿和负责调查的各位成员，表示衷心感谢。这本书是大家共同努力的作品，是大家心血的结晶。

最后，衷心感谢给予我灵感和启发的客户公司的各位，正是各位的鼎力协助，才成功促成大规模试验的成功。我希望各位的理念能够以良好的形式呈现给更多的读者。

我的祖父与父亲都曾有书在日本经济新闻集团出版，这次非常有缘本书能交由日本经济新闻集团出版，对此我深感荣幸。我希望自己能继承父辈理想，期待本书对日本经济发展提供一定参考价值。

越川慎司

2019 年 8 月

图书在版编目（CIP）数据

每天少干2小时 /（日）越川慎司著; 徐秋平译.--
北京：中国友谊出版公司，2021.3（2021.4重印）
ISBN 978-7-5057-5092-0

Ⅰ.①每… Ⅱ.①越…②徐… Ⅲ.①工作方法 – 通
俗读物 Ⅳ.①B026-49

中国版本图书馆CIP数据核字（2021）第002412号

著作权合同登记号：01-2020-7598

书名	每天少干 2 小时
作者	[日]越川慎司
译者	徐秋平
出版	中国友谊出版公司
发行	中国友谊出版公司
经销	北京时代华语国际传媒股份有限公司　010-83670231
印刷	唐山富达印务有限公司
规格	880×1230 毫米　32 开
	7 印张　120 千字
版次	2021 年 3 月第 1 版
印次	2021 年 4 月第 2 次印刷
书号	ISBN 978-7-5057-5092-0
定价	49.00 元
地址	北京市朝阳区西坝河南里 17 号楼
邮编	100028
电话	（010）64678009